Hans Waldenfels

„Mit zwei Flügeln"

Hans Waldenfels

„Mit zwei Flügeln"

*Kommentar und Anmerkungen zur
Enzyklika „Fides et ratio" Papst Johannes Pauls II.*

BONIFATIUS
Druck · Buch · Verlag
PADERBORN

Imprimatur. Paderbornae, d. 12. m. Januaris 2000
Nr. A 58-21.00.2/566. Vicarius Generalis i. V. Dr. Schmitz

Die Deutsche Bibliothek – CIP-Einheitsaufnahme

Waldenfels, Hans:
„Mit zwei Flügeln" : Kommentar und Anmerkungen zur Enzyklika
„Fides et ratio" Papst Johannes Pauls II. / Hans Waldenfels. – Paderborn :
Bonifatius, 2000
ISBN 3-89710-125-4

Umschlaggraphik: Claudia Goldstein, Dortmund

ISBN 3-89710-125-4

© 2000 by Bonifatius GmbH Druck · Buch · Verlag Paderborn

Alle Rechte vorbehalten. Das Werk einschließlich seiner Teile ist urheberrechtlich geschützt.
Jede Verwertung außerhalb der engen Grenzen des Urheberrechtsgesetzes ist ohne Zustimmung
des Verlages unzulässig und strafbar. Das gilt insbesondere für Vervielfältigungen, Übersetzungen,
Mikroverfilmungen und die Einspeicherung in elektronische Systeme.

Gesamtherstellung:
Bonifatius GmbH Druck · Buch · Verlag Paderborn

Inhalt

Vorwort 11

Ausgangspunkt: der Mensch 14

„Erkenne dich selbst!" 14

Der halbierte, zerstückelte Mensch 15
(1) Teile für das Ganze 15
(2) Verzicht auf letzte Wahrheiten 15
(3) Die falsche Bescheidenheit 16
(4) Halbierungen 16
    (a) Nicht nur Mann – Mann und Frau 16
    (b) Nicht nur Vernunft – Vernunft und Trieb, Geist und Körper/Materie 17
    (c) Nicht nur Geschichte – Geschichte und Natur 17
    (d) Nicht nur Verstand – Verstand und Vernunft 19
Vom Auftrag der Kirche 20

Der Standpunkt der Kirche 22

„Aus dem gläubigen Hören des Wortes Gottes" (Nr. 7) 22

„Gottes Güte und Weisheit" 23

„Zugang zum Vater durch Christus" (Nr. 12) 24

„Eingebettet in Zeit und Geschichte" (Nr. 11) 24

Exkurs: „Bruchstückhaftigkeit und Begrenztheit unseres Begreifens" (Nr. 13) 25
    „Maius" 26
    „Außen" und „innen" 28

Die Zirkularität von Glauben und Denken 29

Exkurs: „Fides et ratio" 29

Dreifacher Ansatz 32

I. Vom Glauben zur Einsicht 33
„Die Weisheit weiß und versteht alles" (Weish 9,11) 33
„Erwirb dir Weisheit, erwirb dir Einsicht!" (Spr 4,5) 34

II. Wahrheitssuche 37
Wahrheitssucher 37
„Gesichter der Wahrheit" 39
Der „glaubende" Mensch 40

III. Glauben und Denken in der Christentumsgeschichte 43
Schritte der Begegnung 43
    (1) Gnosis 44
    (2) Wahrheit für alle 45
    (3) „Wahre Philosophie" 46
    (4) „Athen und Jerusalem" 46
    (5) „Intellectus fidei" 47
Ein neuer Schritt 49
„Die Tragödie eines von der Vernunft getrennten Glaubens" 50
„Freimut des Glaubens und Kühnheit der Vernunft" 53

Wortmeldungen des kirchlichen Lehramts 56
Im Dienste der Wahrheit 57
    (1) Vereinbarkeit bzw. Unvereinbarkeit philosophischer
        Grundansätze 59
    (2) Anregung und Ermutigung philosophischen Denkens 59
    (3) Historische Reflexionen 59
    (4) Leidenschaft für die letzte Wahrheit 61
Interesse und Sorge 61
    (1) Beispiel Thomas von Aquin 61
    (2) Verfall des philosophischen Denkens 62
    (3) Gründe für die Gleichgültigkeit gegenüber der Philosophie 63

Theologie und Philosophie: ein Wechselspiel 65
„Wechselspiel" 65

    (1) Grundlegende Thesen zur Theologie 65
    (2) Die bleibende Aufgabe 66
    (3) Philosophie und theologische Disziplinen 67
        (a) Theologischer Positivismus? 67
        (b) Zur Brückenfunktion der Fundamentaltheologie 69
        (c) Zur Sprache der Dogmatik 71
        (d) Das moraltheologische Dilemma 73
        (e) Nochmals Zirkularität 74
        (f) Philosophennamen 75

Exkurs: Glaube und Kultur 78
    (1) Folgen eines pluralistisch geprägten Bewusstseins 78
    (2) Geschenkte Einheit 79
    (3) Kulturen – Einheit und Pluralität 80
    (4) Athen und Benares 82
        (a) Problemstellung 82
        (b) Fallbeispiel Indien 83
        (c) Inkulturation als Unterscheidungsarbeit 83
        (d) Jerusalem, Athen und Benares? 84

Philosophie und Philosophien 86

Die Gesprächspartner und ihre Aufgaben 88

Vom Standort der Philosophie aus 88
    (1) „Autonome" Philosophie 88
        (a) Unterstützung der Autonomie 88
        (b) Sinnorientierung 89
        (c) Wahrheitserkenntnis 90
        (d) Die metaphysische Dimension 91
        (e) Zur Rolle der Sprachanalyse 94
    (2) Christlich verstandene Philosophie 94
        (a) Zum Verständnis „christlicher" Philosophie 94
        (b) Rückbindung an die Tradition 95
        (c) Gegen die Einseitigkeiten 96
          • Eklektizismus 96
          • Historizismus 96
          • Szientismus 97
          • Pragmatismus 98
          • Nihilismus 98

  (3) Theologische Bindung an die Philosophie 99
  (4) „Post-Moderne" 101
Vom Standpunkt der Theologie aus 102
 (1) Doppelte Aufgabe 102
 (2) Durchbruch zur Glaubenswahrheit 103
  (a) Bedeutung und Wahrheit 103
  (b) Gültigkeit des Verstehens 104
Abschließende Überlegungen 105
 (1) Verkündigung und Bezeugung 105
 (2) Adressaten 106
  • Theologen 106
  • Philosophen und Lehrer der Philosophie 107
  • Naturwissenschaftler 107
 (3) „Im Schatten der Weisheit" 108

Reaktionen und Reflexionen 109

Zum Kontext der Enzyklika 111
 (1) Kirchengeschichtlicher Gesamtkontext 111
 (2) Lehrkontext Johannes Pauls II. 113
  (a) Selbstzitationen 113
  (b) Die Kölner Rede des Papstes –
   ein vergessenes Dokument? 113
  (c) Schwerpunkte der Kölner Rede 114
   • Albertus Magnus 114
   • Schatten der Geschichte und Ambivalenz des
    Fortschritts 115
   • Nicht Vorsicht und Zurückhaltung –
    Mut und Entschlossenheit 116
   • In sich selbst sinnvolle Wahrheit 117
  (d) Im Vergleich 118

Zur Analyse der Neuzeit 119
 (1) Ein gebrochenes Bild 119
 (2) Offenheit für neuzeitliches Denken 119
 (3) Der „letzte, umfassende Sinn" 121

Vernunft und Religion: Zur heutigen gesellschaftlichen Diskussion 123
 (1) „Wiederkehr" der Religion 123

(2) Die Stimme von Denkern 124
  (a) Polnische Stimmen 125
  (b) Leszek Kolakowski 126
  (c) Robert Spaemann 128
    • „Hermeneutischer Zirkel" 128
    • „Das unsterbliche Gerücht" 129
    • ... und Peter Sloterdijk? 131
  (d) Gianni Vattimo 132
    • „Glauben zu glauben" 133
    • „Schwaches Denken" 134
    • Konvergenz in der Kenōsis Gottes 135
    • „Säkularisierung – ein gereinigter Glaube?" 136
    • „Caritas als Grenze" 138
    • Ein kleines Nachwort 139

Vorwort

> *„Glaube und Vernunft sind wie die beiden Flügel, mit denen sich der menschliche Geist zur Betrachtung der Wahrheit erhebt."*[1]

Mit diesen Worten beginnt die Enzyklika *Fides et ratio,* die Papst Johannes Paul II. am 14. September 1998, dem Fest der Kreuzerhöhung, unterzeichnet hat. Sie wurde am 15. Oktober 1998, am Vorabend des 20. Jahrestages seiner Wahl zum Papst, von Kardinal Joseph Ratzinger und dem Erzbischof von Lublin, Józef Mirosław Życiński, der Öffentlichkeit übergeben. Man kann die Enzyklika im Hinblick auf das Leben des Papstes mit Weihbischof Peter Henrici SJ sein „philosophisches Testament",[2] angesichts des Zusammenbruchs der Wahrheitsfrage eine Magna Charta menschlicher Wahrheitssuche nennen, einen Aufruf zum Einsatz aller menschlichen Fähigkeiten, gipfelnd in der Vernunft. In gewissem Sinne fühlt man sich an den kantschen Aufruf zum *„Ausgang des Menschen aus seiner selbst verschuldeten Unmündigkeit"* erinnert:

---

[1] In der Zitierung der Enzyklika folgen wir in der Regel der Übersetzung, die vom *Sekretariat der Deutschen Bischofskonferenz* als Verlautbarungen des Apostolischen Stuhls 135 veröffentlicht worden ist. Wo wir sie im Vergleich mit der offiziellen lateinischen Ausgabe, die 1998 von der Libreria Editrice Vaticana publiziert wurde, ungenau fanden, haben wir uns allerdings die Freiheit genommen, die Übersetzungen zu ändern bzw. zu korrigieren.
Freilich stellt sich hier die zusätzliche Frage, in welcher Sprache der Text ursprünglich abgefasst wurde. Es fällt auf, dass J. Ratzinger und W. Kasper den deutschen mit dem italienischen Text verglichen haben. Das könnte bedeuten, dass der Text ursprünglich in Italienisch abgefasst war. Das Polnische kann schon deshalb außer Betracht bleiben, weil die Kenntnis der päpstlichen Heimatsprache nicht in gleicher Weise verbreitet ist.
Inzwischen ist eine Leseanleitung erschienen, die eine Serie im *L'Osservatore Romano* erschienener Kommentarbeiträge zusammenfasst: Per una lettura dell'Enciclica FIDES ET RATIO (= Quaderni de „L'Osservatore Romano". *Collana diretta da Mario Agnes,* 45). Città del Vaticano 1999.
Eine polnische Lesehilfe ist von *K. Mąder* SJ herausgegeben worden: Rozum i wiara mówią do mnie. Wokół encykliki Jana Pawła II *Fides et ratio* (= Vernunft und Glaube sprechen zu mir. Zur Enzyklika Johannes Pauls II. *Fides et ratio*). Krakau 1999. (In drei Texten „Zur Lektüre der Enzyklika" – „Auf die Geschichte hören" – „In die Zukunft blicken" kommentieren 14 Jesuiten die Enzyklika.)
[2] Der dazugehörige Text liegt mir in einer dem Internet entnommenen Fassung vor. Das gilt auch für weitere Texte, die nicht genauer nachgewiesen sind.

„*Sapere aude!* Habe Mut, dich deines *eigenen* Verstandes zu bedienen!"[3]

Tatsächlich deutet vieles in unserer Zeit darauf hin, dass Menschen sich von diesem Aufruf verabschieden und das Scheitern der Vernunft und des menschlichen Selbstbewusstseins eingestehen. In dieser Situation ist das Mut machende Wort des Papstes ein Signal dafür, dass für ihn gerade der glaubende Mensch größere Chancen hat, mit der Jahrtausendwende in eine neue Epoche vorzudringen, als der Mensch, dem der Flügel des Glaubens gebrochen ist und der es folglich mit *einem* Flügel, dem Flügel der Vernunft allein, wagen muss.

Angesichts einer verbreiteten pessimistischen Weltsicht ist es sinnvoll, dem Gedankengang der Enzyklika nachzugehen und ihre Überlegungen zumindest zur Kenntnis zu nehmen. Zweifellos ist sie das letzte in einer Reihe ähnlicher Dokumente vor dem Jahr 2000, die das neuzeitliche Denken begleiten und kommentieren. Wir wollen uns in einer Weise auf den Text einlassen, dass sich darin ein *Mit*denken, also der Einsatz der eigenen Vernunft, widerspiegelt. Unser eigenes Denken ist aber zunächst vom Verlauf des in der Enzyklika vorgegebenen Gedankengangs bestimmt, sodass wir ihm von der Einleitung her folgen. Erblicken wir in einer Enzyklika, also einem Lehrschreiben des Papstes, zugleich die authentische Stimme des kirchlichen Lehramtes, so ergibt es sich, dass wir aus der Position des Hörers heraus und gleichsam im Gegenüber zum Repräsentanten des Lehramtes antworten. Das ist schon deshalb angebracht, weil der Papst selbst den Menschen wesentlich als ein dialogisches Wesen versteht.

Es ist aber dann ein Weiteres zu beachten. Der Mensch lebt im Spannungsfeld von Unendlichkeit und Endlichkeit, Unwandelbarem und Wandel. Dabei macht er beim Wechsel in das kommende Jahrtausend einen gewaltigen Schrumpfungsprozess hinsichtlich des lange für unwandelbar gehaltenen Grundbestandes menschlichen Denkens und Handelns durch. Die Quantität des Wissens wächst rapide, doch der bleibende Kern verliert an Substanz. Das wirkt sich auch in der Einstellung zur Wahrheit aus, die im Einzelnen immer weniger für eine die Zeiten überdauernde und durchformende Wirklichkeit gehalten wird. Kein Wunder, dass Menschen den Blick für die tragenden Fundamente verlieren, wenn diese wegzubrechen scheinen und die Menschen dafür von Stroh-

---

[3] Vgl. *I. Kant,* Was ist Aufklärung? Ed. W. Weischedel: Bd. IX.1. Darmstadt 41975, 53 (A. 481). Auf dieses Wort weist auch *G. Cottier* in seiner Einlassung über die Enzyklika hin; vgl. Per una lettura (A. 1) 26.

halm zu Strohhalm durchs Leben stolpern. Welche Chance hat der Mensch schließlich, wenn er „grund-los", also „ohne Grund", „ohne Grundlage", „ohne Fundament" sein Leben gestalten will und muss? Die Antwort des Papstes geht – einfach gesagt – dahin, dass der Mensch ein *ganzer* Mensch sein soll, einer, der – so weit es geht – aus seinen eigenen Kräften lebt und doch zugleich weiß, dass er sich, wenn er überleben will, dem anvertrauen und sich überlassen muss, den auch heute noch viele Menschen, Christen und Anhänger anderer Religionen, „Gott" nennen. Der Mensch halbiert sich, wo er auf sich selbst zurückfällt oder sich auf sich selbst zurückzieht und an seine radikale Selbstverfügung glaubt. Er halbiert sich, wo er die Fähigkeit verliert, zu empfangen, sich loszulassen, sich zu überlassen und sich anzuvertrauen. Das gilt gerade auch angesichts der Erfahrung, dass der oder das, dem der Mensch sich anvertraut, sich immer wieder entzieht – in Verborgenheit, im Unbegreiflichen, auch im Aporetischen.[4]

---

[4] Vgl. *G. M. Hoff,* Aporetische Theologie. Skizze eines Stils fundamentaler Theologie. Paderborn 1997. Von ihm wird demnächst seine Habilitationsschrift zur „Herausforderung postmodernen Differenzdenkens für eine theologische Hermeneutik" erscheinen.

Ausgangspunkt: der Mensch

„Erkenne dich selbst!"

Es ist eine Eigentümlichkeit der Enzyklika, dass sie sich eingangs ausdrücklich nur an die Bischöfe, also die offiziellen Lehrer der Kirche, wendet, obwohl das, was gesagt wird, offensichtlich alle Menschen angeht (vgl. Nr. 107). Über der Einleitung steht der Aufruf von Delphi:

„Erkenne dich selbst!"

In ihm sieht der Papst das „Zeugnis für eine Grundwahrheit (*principalis veritas*), die als Mindestregel (*minima regula*) von jedem Menschen angenommen werden muss, der sich innerhalb der ganzen Schöpfung gerade dadurch als ‚Mensch' auszeichnen will, dass er sich selbst erkennt" (Nr. 1).
Diese „Grundwahrheit" bzw. „Mindestregel" verbindet alle Zeiten und alle Kulturräume der Welt, den Okzident und – wie es wiederholt heißt – den Orient, die Religionen und Philosophien der Menschheit. Sie findet sich in den heiligen Schriften Israels wie den Veden, in der Avesta, bei Konfuzius, Lao-tse und Buddha, bei Dichtern wie Homer und in den griechischen Tragödien des Euripides und Sophokles, bei Platon wie Aristoteles.
Wo es um die grundlegenden Fragen des Menschen, sein Woher und Wohin, um den Ursprung des Bösen und das Jenseits der Todeslinie geht, ist die Kirche zunächst Begleiterin aller Menschen; sie ist heute selbst „Pilgerin auf den Straßen der Welt" (Nr. 2). Dabei ist der Mensch zunächst an seine „vielfältigen Möglichkeiten" verwiesen, die ihm hinsichtlich der Wahrheitserkenntnis geschenkt sind (vgl. Nr. 3). Darin nimmt das, was im ursprünglich griechischen Wort „Philosophie" gemeint ist, das heißt: die „Liebe zur Weisheit", einen hervorragenden Platz ein. Die Philosophie wird aber dann in der Enzyklika nicht als spezifische Angelegenheit einer bestimmten Menschengruppe angesehen, sie erwächst vielmehr der jedem Menschen mit seinem Menschsein gegebenen, „seiner Vernunft angeborenen Eigenschaft, sich nach dem Ursprung der Dinge zu fragen" (Nr. 3). Diese Grundgegebenheit ist in den verschiedenen Kulturen bis in die Gesetzgebungen hinein bezeugt. Gerade in der Offenheit für die Vielzahl der Kulturen bekommt die

Enzyklika einen Zuschnitt, der bei vielen europäischen Denkern innerhalb und außerhalb der Kirche nach wie vor so nicht anzutreffen ist.
Was aber den Menschen immer neu auf dem Weg der Erkenntnis fortschreiten lässt, ist das *Staunen* (*admiratio*). Es stellt sich ein, sobald der Mensch „sich als eingebunden in die Welt und in Beziehung zu den anderen entdeckt, die ihm ähnlich sind und deren Schicksal er teilt" (Nr. 4). Darin fällt der Papst selbst eine Grundentscheidung. Am Anfang steht nicht, wie andere es sehen, die Frage, sondern das Staunen. Schon darüber müssten sich Menschen heute erneut Rechenschaft geben. Denn fragend fällt der Mensch zunächst auf sich selbst zurück. Im Staunen aber erlebt der Mensch sich offen für eine ihn umgebende Wirklichkeit, deren Teil er ist und auf die er ausgreifen kann.

Der halbierte, zerstückelte Mensch

Damit ist der Mensch in seinem Kern beschrieben. Die Beschreibung ließe sich aber in verschiedener Hinsicht konkretisieren. Der Mensch ist bei aller Eingebundenheit in die Welt ein freies und verständiges Subjekt, das – wie gesagt – über sich hinaus offen ist für eine umfassendere Wirklichkeit („Gott"), ein vertieftes Verstehen der Wirklichkeit („Wahrheit") und einen respektvollen, verantwortlichen Umgang mit der ganzen Wirklichkeit („Gutheit"); in Verbindung damit entwickeln sich dann auch moralische Grundsätze des Umgangs (vgl. Nr. 4).
Beides miteinander – die Einbindung in die ganze Wirklichkeit und das Geschenk der Freiheit – stellt für den Menschen Chance und Gefährdung zugleich dar. In der Einleitung der Enzyklika lenkt der Papst den Blick auf einige Gefährdungen, ohne sie vollständig zu entfalten. Wir fassen sie in Kürze zusammen und zeigen dabei Richtungen an, in die die Überlegungen sich vertiefen lassen.

(1) Teile für das Ganze: Nicht selten werden einzelne Versuche des Verstehens mit dem allgemein als gültig anzusehenden Denken gleichgesetzt. Zwischenergebnisse werden für Endergebnisse, *eine* Bedeutung eines Begriffs wird für den vollen Bedeutungsumfang gehalten (vgl. Nr. 4). Teile werden für das Ganze genommen.

(2) Verzicht auf letzte Wahrheiten: Wo sich den Menschen, weil sie „über sich selbst gebeugt" sind (Nr. 5), der Blick für die Wahrheit über den Menschen trübt, verzichten heute nicht wenige auf letzte Wahrheiten. Angesichts der wachsenden Fülle von Kenntnissen geben sie sich damit zufrieden, die eigenen Grenzen und Bedingtheiten zu kennen und innerhalb der so gesteckten Grenzen das Leben würdevoll zu gestalten und zu beenden.

(3) **Die falsche Bescheidenheit:** Der Rückzug von der radikalen Frage nach der Wahrheit des Lebens und des Seins und die Zufriedenheit mit Teilwahrheiten ist jedoch keine Tugend, auch wenn die Haltung sich als Selbstbescheidung ausgibt. Es besteht nämlich die Gefahr, dass der Mensch sich angesichts erfahrener Schwäche für unfähig erklärt, eine umfassende Antwort auf seine Grundfragen zu finden. Die Enzyklika nennt in Systembegriffen Agnostizismus und Relativismus, den „Fließsand eines allgemeinen Skeptizismus", „einen indifferenten Pluralismus" mit der Annahme, „alle Denkpositionen seien gleichwertig" und damit zugleich das sich ausbreitende Misstrauen gegenüber der Wahrheit: „Die Hoffnung, von der Philosophie endgültige Antworten auf diese Fragen zu erhalten, ist geschwunden" (Nr. 5). Die Wahrheit selbst wird unverbindlich.

(4) **Halbierungen:** Solange der einzelne Mensch sich in größere Zusammenhänge eingebunden weiß, bleibt er – bei aller Betonung seiner Würde – auch sich selbst gegenüber fragwürdig. Die verschiedenen Bezugsverhältnisse – andere Menschen, die Gesellschaft, Natur und Welt, die Offenheit für das Unbegreifliche – stellen immer auch Spannungsverhältnisse dar. Wo der Mensch diese zu überwinden sucht, indem er eine der sich gegenüberstehenden Seiten leugnet oder sonstwie das Spannungsverhältnis auflöst, kommt es zu Halbierungen und Zerstückelungen. Wir nennen hier Beispiele, die heute zu Problemfeldern werden und dabei den Blick auf das Ganze verstellen. Sie konkretisieren, was zum Verlust jener umfassenden Sicht der Dinge führt, die den Menschen in seiner Größe gekennzeichnet haben und immer noch kennzeichnen, wo das Ganze und nicht nur Teile verfolgt werden.

(a) Nicht nur Mann – Mann und Frau: Mensch ist nicht nur der Mann, sondern Mensch ist der Mensch als Mann oder als Frau. Die lange Unterdrückung der Frau in der ihr eigenen Würde führt heute dahin, dass nicht selten zwischen Mann und Frau fast unüberbrückbare Gegensätze aufge-

baut werden. Diese behindern dann nicht nur ein wechselseitiges Verstehen, sondern drohen es zu zerstören.

(b) Nicht nur Vernunft – Vernunft und Trieb, Geist und Körper/Materie: Die Konzentration der Religion auf den Geist hat nicht selten zu einer Geringschätzung und Unterdrückung jenes menschlichen Prinzips geführt, das die Verantwortung für Vergänglichkeit und Begrenzungen zu tragen scheint: das „somatische Prinzip".[5] Zwar ist der Leib mit seiner Begierlichkeit und seinem Triebwesen niemals völlig unbeachtet geblieben, doch oft genug ist er zum Urort des Bösen erklärt und damit negativ bewertet worden. Entsprechend war häufig die Überwindung der Leibsphäre, spätestens im Tod, auch Thema der Philosophie. Wo die Philosophie aber gegen eine Geistzentriertheit den Geist zu einer Funktion der Materie werden ließ, verfiel diese der Verachtung. Nicht ohne Grund ist der positive Gehalt des Materialismus weithin verloren gegangen.

(c) Nicht nur Geschichte – Geschichte und Natur: Die Konzentration auf den Menschen hatte zur Folge, dass die Geschichte zum Prozess menschlicher und menschheitlicher Entfaltung avancierte und die Natur zum Material menschlicher Selbstverwirklichung erniedrigt wurde. Immer stärker aber drängt sich heute die Natur erneut in den Vordergrund – und sei es auf dem Weg der Katastrophen. Dem tritt eine Neugestaltung des Weltbildes zur Seite, die sich aufgrund einer Vielfalt von Forschungsergebnissen der verschiedenen Naturwissenschaften ergibt. Hier sind u. a. zu nennen:
- das Eindringen in den bislang als unteilbar angesehenen Bereich des Atoms mit nützlichen und bedrohlichen Ergebnissen
- die Beschäftigung mit den biologischen Grundstrukturen und den möglichen Beeinflussungen des Gen-Bereichs in Biologie und Humanmedizin sowie deren Hilfswissenschaften – mit dem Ruf nach einer entsprechenden Bioethik[6]
- die Rückführung der Geschichte der Menschwerdung in die Archäologie des Menschseins und seine Verankerung im Ursprung alles Lebendigen

---

[5] Vgl. dazu *R. Buchholz*, Das somatische Prinzip (in Vorbereitung).
[6] Vgl. *W. Korff / L. Beck / P. Mikat* (Hg.), Lexikon der Bioethik. 3 Bde. Gütersloh 1998; auch *G. Rager* (Hg.), Beginn, Personalität und Würde des Menschen (= Grenzfragen 23). Freiburg/München 1997.

- der Verlust des „Himmels" durch die Eroberung des Weltalls auf Weltreisen zum Mond und zum Mars – hierhin der erste Flug voraussichtlich 2019 – und die Erstellung eines erdumspannenden dezentralen Kommunikationssystems mit Hilfe von außerirdischen Nachrichtensatelliten

Wolfgang Frühwald zitiert in einem Vortrag *Ein kurzes Jahrhundert. Europa an der Schwelle zum dritten Jahrtausend*[7] die Rede „von drei Kränkungen des Menschen, die ihm im Laufe der neueren Geschichte widerfahren sind":

> von der kopernikanischen, als er aus dem Mittelpunkt des Weltalls verbannt wurde, von der freudianischen, die auch die erhabenen Gefühle des Menschen an seine Natur, an sein Triebleben gebunden haben, und der kaum erst angekommenen darwinischen Kränkung, die uns – in den Erkenntnissen der Gen- und Evolutionsbiologie – belegt, dass wir über Jahrmillionen hin sogar mit der Bäckerhefe verwandt sind.

Und er fährt fort:

> Zu diesen Kränkungen des kollektiven Bewusstseins kommt nun die relativistische Verunsicherung hinzu. Sie macht Oben und Unten, Nah und Fern, Fest und Weich, Raum und Zeit als standpunkt- und perspektiveabhängige Begriffe und Erfahrungen des Menschen bewusst. Das „szientifische Erschrecken" der Menschen des 20. Jahrhunderts ist zwar ähnlich wie das „kosmische Erschrecken" der Menschen des 19. Jahrhunderts ein Erschrecken vor dem wissenschaftlich geschärften Blick in die grenzenlose Leere des Alls, doch ist es am Ende unseres Jahrhunderts begleitet von den Ausbrüchen eines hybriden Szientismus, der die Grenzen zwischen dem Können und dem Sollen des Menschen zu verwischen beginnt.

Von Odo Marquard stammt der Hinweis, die Tendenz zu einer erzählenden Evolutionsforschung bleibe „imperfekt einzig dadurch, dass bisher die Evolution nur als Alleingeschichte hin auf den Menschen erzählt wird. Für die Evolutionstheorie ist dieses ‚anthropische Prinzip' jene Schwierigkeit, die für die geschichtsphilosophische Fortschrittstheorie der Eurozentrismus war. Vielleicht gibt es schon irgendwo den evolutionsbiologischen Ranke mit dem Satz: ‚jede Art ist unmittelbar zu Gott'; jedenfalls: die Evolutionstheorie hat ihren Historismus noch vor sich …"[8] Nach Frühwald könnte es dem Menschen schwerer fallen, diese Kränkung zu ertragen, als alle anderen Kränkungen, die er am Ende des zweiten Jahrtausends wahrnimmt.

---

[7] Vgl. *Herder-Korrespondenz* 52 (12/1998) 617-624, folgendes Zitat: 621.
[8] Zitiert ebd., 623.

Damit kommt die ganze Ambivalenz unserer heutigen Lebenssituation zum Ausdruck. Auf der einen Seite erleben wir eine immer noch wachsende Weltbeherrschung des Menschen, auf der anderen Seite zeigt sich, dass jede gelöste Frage ein ganzes Bündel neuer Fragen nach sich zieht. Die ständige Spezifizierung des Menschen hat leider auch zur Folge, dass er zugleich in vielen anderen Bereichen zum Ignoranten und Analphabeten wird. Er kann ein Genie sein in der Physik und ein Zwerg im alltäglichen Leben und in Fragen der persönlichen Lebensgestaltung. Der geschickteste Frosch kann auf dem Grund seines Brunnens den Himmel über sich für das ganze Universum halten und bleibt dabei doch am Ende in einem Gefängnis sitzen, wenn ihm nichts Besseres einfällt.

Die Eroberung der „Höhe oben" und der „Tiefe unten" zerstört für viele Menschen sowohl die bleibenden, tragenden Fundamente als auch den Rahmen, in dem sich das Leben gestalten lässt. Es muss in diesem Zusammenhang nachdenklich stimmen, dass das Wort „Fundament" in der Verbreitung des negativ besetzten Begriffs „Fundamentalismus" eine immer fragwürdigere Bedeutung erhält. Menschen verlieren entsprechend auch den Sinn für ewige Treue und den Grund unter den Füßen. Der Papst spricht vom „Fließsand eines allgemeinen Skeptizismus" und vom „Misstrauen gegenüber der Wahrheit, das man in der heutigen Welt feststellen kann" (Nr. 5).

(d) Nicht nur Verstand – Verstand und Vernunft: Will der Mensch sich nicht voll verlieren, tut er gut daran, erneut auf den Unterschied von Verstand und Vernunft zu achten. Auch wenn beide Begriffe, die die eine intellektuelle Fähigkeit des Menschen meinen, in der Philosophiegeschichte nicht immer einheitlich gebraucht worden sind, ist es hilfreich zu unterscheiden. Der „Vernunft" gebührt dann gegenüber dem „Verstand" insofern der Vorzug, als sie nicht nur vom aktiven Bemühen um Verstehen spricht, sondern auch vom hinnehmenden, annehmenden Verstehen, das dem Menschen geschenkt wird oder doch zumindest „zufällt". Auf diesen Unterschied gilt es auch zu achten, wenn Glaube und Vernunft, genauer: *fides* und *ratio*, im Titel der Enzyklika einander gegenübergestellt werden. Ort des glaubenden Vernehmens ist die Vernunft als empfangendes Organ des Verstehens. Ort des aktiv gestaltenden Verstehens ist – auf den verschiedenen Wegen des Nachvollzugs, der Reflexion und Analyse bis zu den Weisen konstruierend-entwerfenden Verstehens – der Verstand. Beide Seiten zusammen erst befähigen den Menschen, sein ganzes Menschsein zu leben, wobei dann allerdings gera-

de im Hinblick auf die Offenheit für die eigene wie die umfassende Wirklichkeit das Körperliche nicht außer Acht bleiben darf.

Vom Auftrag der Kirche

Wo der Mensch zerfällt und sich mit der Hälfte seines Menschseins zufrieden gibt, steht er in Gefahr, das Menschsein überhaupt zu verlieren. Hier sieht nun der Papst die Aufgabe der Kirche, daran mitzuwirken, dass der Mensch das Verlangen nach der ganzen Wahrheit nicht preisgibt. Von dieser ganzen Wahrheit, aber auch vom Drama menschlichen Ringens um die ganze Wahrheit, schließlich von den Aufgaben, die sich in unserer Epoche des Übergangs zum dritten Jahrtausend stellen, ist in der Enzyklika die Rede. Bei aller Bedeutung der Geschichte und der konkreten geschichtlichen Situationen ist sie ein lautes Plädoyer für menschliches Nachdenken und Denken überhaupt. Dazu sind in der Kirche die Bischöfe, aber dann auch die Theologen und Philosophen aufgerufen, die der Papst zusätzlich in Nr. 6 als Adressaten seines Schreibens nennt.

Es geht ihm aber dann um die Wahrheit und ihr Fundament im Verhältnis zum Glauben:

> Das Erfordernis eines Fundamentes, auf dem das Dasein des Einzelnen und der Gesellschaft aufgebaut werden kann, macht sich vor allem dann in dringender Weise bemerkbar, wenn man die Bruchstückhaftigkeit von Angeboten feststellen muss, die unter Vortäuschung der Möglichkeit, zum wahren Sinn des Daseins zu gelangen, das Vergängliche zum Wert erheben. So kommt es, dass viele ihr Leben fast bis an den Rand des Abgrunds dahinschleppen, ohne zu wissen, worauf sie eigentlich zugehen. Das hängt auch damit zusammen, dass diejenigen, die dazu berufen waren, die Frucht ihres Nachdenkens in kulturellen Formen auszudrücken, den Blick von der Wahrheit abgewandt haben und der Mühe geduldigen Suchens nach dem, was gelebt zu werden verdient, den unmittelbaren Erfolg vorziehen. Die Philosophie, der die große Verantwortung zukommt, das Denken und die Kultur durch den fortwährenden Hinweis auf die Wahrheitssuche zu gestalten, muss mit aller Kraft ihre ursprüngliche Berufung zurückgewinnen. (Nr. 6)

Man gewinnt den Eindruck, als ob es dem Papst – abgesehen von seiner kirchlichen Position – darum gehe, in dem Feld, in dem er wissenschaftlich seine größte Kompetenz erlangt hatte, erneut seine Stimme zu erheben und in jenen allgemein menschlichen Diskurs einzugreifen, den er ganz offensichtlich in seinem Verständnis von Philosophie so sehr geschätzt hat. Dass deswegen hier seine eigenen Grundüberzeugungen, wie er sie zumal in seiner polnischen Heimat vor Jahrzehnten entwickelt hat, zur Sprache kommen, ist nicht zu übersehen. Gerade deshalb wäre es nicht uninteressant zu wissen, welche Rolle die Muttersprache des Papstes bei der Abfassung der Enzyklika gespielt hat.

Der Standpunkt der Kirche

Bevor der Papst sich aber dem Wechselspiel von Glaube und Verstand bzw. Vernunft stellt, zeichnet er im Kapitel I der Enzyklika in kräftigen Strichen den christlichen Glaubensstandpunkt. Dabei geht es nicht um Standpunktsbegründung, sondern um Standpunktsbenennung. Der Glaubensstandpunkt lässt sich mit der These umschreiben:

> *Jesus Christus ist als Offenbarer des Vaters die Offenbarung der Weisheit Gottes.*

Die Linien dieses Satzes weisen in mehrere Richtungen: (1) auf den Unterschied zwischen Theologie und Philosophie, (2) auf die Verbindung von menschlicher Weisheit und Weisheit Gottes, (3) auf die zentrale Rolle einer Person gewordenen Weisheit, anders gesagt: auf die zentrale Stellung Jesu als des Offenbarers, (4) auf die Geschichte als Ort, „an dem wir Gottes Handeln für die Menschheit feststellen können" (Nr. 12).

„Aus dem gläubigen Hören des Wortes Gottes" (Nr. 7)

Die erste Feststellung gegenüber der Philosophie lautet: Es gibt eine Erkenntnis, die nicht aus dem Nachdenken des Menschen resultiert, sondern die ihm geschenkt wird. Das wird zunächst ganz allgemein von der menschlichen Erkenntnis ausgesagt. Das Gemeinte findet aber dann da seine besondere Gestalt, wo es auf die theologische Grundüberzeugung übertragen wird, dass Gott sich den Menschen aus seiner „völlig ungeschuldeten Initiative" zu ihrem Heil zugewandt hat. Dem Nachdenken des Menschen wird hier im theologischen Kontext das Hören des Wortes Gottes gegenübergestellt. Mit der Rede vom „Wort Gottes" aber treffen wir dann auf den sich offenbarenden Gott, auf die Offenbarung. In einer personalen Betrachtung, in der die beteiligten Subjekte – Gott und Menschen – genannt werden, werden aber „Offenbarung" und „Glaube" zwei Seiten eines Geschehens, nämlich der Begegnung zwischen dem sich offenbarenden Gott und dem diese Offenbarung im Glauben annehmenden Menschen; sie markieren die göttlicherseits provozierte Begegnung von Gott und Mensch.

Für den Gedankengang der Enzyklika darf dieser Gesichtspunkt freilich nicht den anderen verdecken, dass die menschliche Erkenntnis wesentlich einen aktiv-produzierenden und einen passiv-empfangenden Aspekt kennt. Denken und Hören stehen sich hier als zwei Möglichkeiten gegenüber. Philosophie und Theologie unterscheiden sich aber wesentlich dadurch, dass die Theologie aus dem Hören, also dem Empfang des Wortes Gottes, lebt und in diesem gründet, während die Philosophie zwar auch nicht einfachhin frei ist vom Aspekt des Empfangs, vor allem aber im umfassenden Gebrauch der menschlichen Denkfähigkeit gründet.

„Gottes Güte und Weisheit"

Die christliche Grundüberzeugung entwickelt der Papst mit Hilfe des 1. Kapitels der Dogmatischen Konstitution des 2. Vatikanischen Konzils, *Dei Verbum*, das in wichtigen Teilen wörtlich zitiert wird (vgl. Nr. 10f.).[9] Das Offenbarungskapitel beginnt mit den Worten:

> Gott hat in seiner Güte und Weisheit beschlossen, sich selbst zu offenbaren und das Geheimnis seines Willens kundzutun.

Es betont dann sogleich, dass es sich bei der Offenbarung um ein interpersonales, Gott und Mensch(heit) verbindendes Geschehen handelt. Indem aber *Dei Verbum* Nr. 2 in seinem Eingangssatz an „Gottes Güte und Weisheit" erinnert, wird damit zugleich eine ähnliche Formulierung in der Dogmatischen Konstitution des 1. Vatikanischen Konzils *Dei Filius* in Erinnerung gebracht (vgl. DH 3004). Johannes Paul II. übersieht nicht, dass *Dei Verbum* die Offenbarungslehre des 1. Vatikanischen Konzils nicht einfachhin aufhebt.
In gewissem Sinne lenkt aber die Erinnerung an den früheren Text den Blick auf die notwendige Verbindung von theologischer und philosophischer Erkenntnis. Das bleibt gültig, auch wenn die im 19. Jahrhundert noch mit Vorliebe gebrauchte Unterscheidung von natürlicher und übernatürlicher Erkenntnisordnung heute eher obsolet erscheint. Das ist freilich nicht der Fall, weil die Substanz der früheren Konzilsaussage überholt ist, sondern weil die in eher statischen Sachkategorien ausgesagte

---
[9] Vgl. zum Offenbarungsverständnis des 2. Vatikanischen Konzils *H. Waldenfels*, Offenbarung. Das Zweite Vatikanische Konzil auf dem Hintergrund der neueren Theologie. München 1969; *ders.*, Kontextuelle Fundamentaltheologie. Paderborn ²1988, 165-186; *ders.*, Einführung in die Theologie der Offenbarung. Darmstadt 1996.

Wirklichkeit in der Sprache interpersonaler Begegnung eine andere Dynamik erhält. Was die alte Sprache gemeint hat, dass es mit dem Wesen und der Natur des Menschen eine Erkenntnisordnung gibt, die nicht mit jener zu vermischen und zu verwechseln ist, die dem Menschen gnadenhaft geschenkt wird, ist auch in der Sprache interpersonaler Begegnung mitgedacht und mitgesagt. Allerdings gehört dann die grundlegende Offenheit für eine Erkenntnis, die dem Menschen geschenkt wird, dazu.

„Zugang zum Vater durch Christus" (Nr. 12)

Ihr Gesicht erhält die Offenbarung der Güte und Weisheit Gottes in der Menschwerdung des Jesus von Nazaret, in Jesus dem Christus: „Wer mich sieht, hat den Vater gesehen" (Joh 14,9). Auch wenn hier nicht die christologischen Grunddaten – Jesu Gott-Menschlichkeit, seine universale Heilsmittlerschaft, sein Ort im trinitarischen Denken – zu erläutern und zu diskutieren sind, ist dennoch festzuhalten, dass die christliche Grundüberzeugung dort verloren geht, wo die christologischen Grunddaten geleugnet werden. Johannes Paul II. wiederholt mit Worten aus *Gaudium et spes* Nr. 22, dass „sich nur im Geheimnis des Fleisch gewordenen Wortes das Geheimnis des Menschen wahrhaft auf[klärt]":

> Außerhalb dieser Sicht bleibt das Geheimnis der menschlichen Person ein unlösbares Geheimnis. Wo sonst als in dem Licht, das vom Geheimnis der Passion, des Todes und der Auferstehung Christi ausstrahlt, könnte der Mensch die Antwort auf so dramatische Fragen suchen wie die des Schmerzes, des Leidens Unschuldiger und des Todes? (Nr. 12)

„Eingebettet in Zeit und Geschichte" (Nr. 11)

Über die ausdrücklichen Aussagen zu Jesus als dem Offenbarer des Vaters hinaus ist der Papst aber dann daran interessiert, die Bedeutung der Zeit und der Geschichte für das Christentum zu betonen. Die Menschwerdung Gottes ereignet sich in der Zeit, und die Geschichte ist der „Ort, an dem wir Gottes Handeln für die Menschheit feststellen können" (Nr. 12). Die Synthese von Ewigkeit und Zeit führt einmal in ein respektvolles Schweigen vor dem Geheimnis. In einer Zeit wie der unseren bietet sie aber auch Anlass zum Unglauben und damit zur Abwendung von Gottes Ruf. Der Text, der zu so ungleichen Reaktionen führen kann, lautet:

> Die Menschwerdung Gottes erlaubt es, die ewige und endgültige Synthese vollzogen zu sehen, die sich der menschliche Geist von sich aus nicht einmal hätte vorstellen können: Das Ewige geht ein in die Zeit, das Ganze verbirgt sich im Bruchstück, Gott nimmt das Antlitz des Menschen an. Die in der Offenbarung Christi zum Ausdruck gekommene Wahrheit ist somit nicht mehr in einen engen territorialen und kulturellen Bereich eingeschlossen, sondern öffnet sich jedem Mann und jeder Frau, die sie als ein für allemal gültiges Wort annehmen wollen, um dem Dasein Sinn zu geben. (Nr. 12)

Mit dem Stichwort „Bruchstück" (*pars*) möchte der Papst den Leser nicht demütigen. Wohl aber legt er damit den Finger auf eine Wunde, an der viele Menschen heute leiden. Entsprechend suchen sie sich mit den vorhandenen Kräften über ihre Schwäche hinwegzusetzen und umgekehrt diese selbst zu einer Stärke zu machen.

Exkurs: „Bruchstückhaftigkeit und Begrenztheit unseres Begreifens" (Nr. 13)

Auch wenn in Kapitel I der Enzyklika der Abschnitt „Jesus als Offenbarer des Vaters" (Nr. 7-12) in einem Abschnitt „Die Vernunft vor dem Geheimnis" (*Coram arcano – ratio*) (Nr. 13-15) fortgesetzt wird, geht es hier doch nicht zuletzt um die „Bruchstückhaftigkeit und Begrenztheit unseres Begreifens" (*talis [i. e. Patris – H. W.] vultus cognitio semper designatur incompleta quadam ratione atque etiam comprehensionis finibus*). Das Thema bringt der Papst an verschiedenen Stellen der Enzyklika zur Sprache. Dabei sind – wie schon zuvor angedeutet – zwei wesentliche Dinge zu unterscheiden. Es gibt eine „Bruchstückhaftigkeit des Begreifens", die darin begründet ist, dass der Mensch seine Fähigkeiten nicht voll einsetzt und seine Möglichkeiten nicht ausschöpft. Diese „Bruchstückartigkeit" ist aber von jener anderen zu unterscheiden, die zur Konstitution des Menschseins gehört und somit mit den dem Menschen in seiner Natur gesetzten Begrenztheiten zusammenhängt.
Im Zusammenhang des Kapitels I der Enzyklika denkt der Papst an die zweite Bedeutung bruchstückhaften Begreifens. Dabei fordert er die Anerkennung jener Grenzen, denen sich der Mensch nicht entziehen kann. In diesem Zusammenhang spricht er dann – im Anschluss an *Dei*

Verbum Nr. 5 – vom „Gehorsam des Glaubens", der dem sich offenbarenden Gott zu leisten ist.

Nun ist nicht zu leugnen, dass vielen Menschen heute die Rede vom Gehorsam fremd ist – es sei denn, dieser würde aus seinem ursprünglichen, noch nicht moralisch bewerteten Zusammenhang des Horchens, Hörens und Hinhörens abgeholt. Wichtig ist aber, mit Nachdruck darauf hinzuweisen, dass die gläubige Antwort auf die Offenbarung Gottes nicht darin besteht, dass der Mensch gleichsam Gott in seinem Innern durchschauen kann, sondern dass er sich in einer persönlichen Entscheidung dem Geheimnis Gott als seinem und der Welt Heil voll überlässt.[10] Das Hören auf Gottes Wort geht über in die Haltung des Gehorsams gegenüber Gott in seiner Transzendenz und Freiheit.

Dabei kommt dem Verstand die Zeichenökonomie, konzentriert in der Ordnung der Sakramente, zu Hilfe. In ihr erschließt sich ihm in einer Vielzahl von Wirklichkeiten, die jedem Menschen zugänglich sind wie Brot, Wein, Wasser, Öl, Treuezeichen u. a. m., über die vordergründige Wahrnehmung und Bedeutung hinaus eine größere Tiefenschicht, in der dem Menschen eine neue Wirklichkeit aufgeht. Gerade das Verstehen der Sakramente ist nichts anderes als ein Verstehen, das über den Augenschein hinaus eine größere Wahrheit freigibt (vgl. Nr. 13).[11]

„Maius"[12]

Angesichts der „Bruchstückartigkeit und Begrenztheit menschlichen Begreifens" eröffnet das Christentum der Philosophie dennoch „einen Horizont echter Neuerung" (Nr. 14). Denn die Offenbarung bietet dem philosophierenden Menschen zweierlei an: (1) „einen Bezugspunkt ..., von dem der Mensch nicht absehen kann, wenn er dahin gelangen will, das Geheimnis seines Daseins (*suae vitae mysterium*) zu verstehen", und (2) einen ständigen Verweis „auf das Geheimnis Gottes, das der Verstand nicht auszuschöpfen vermag, sondern nur im Glauben empfangen und annehmen kann". Damit führt die Offenbarung „in unsere

---

10 Vgl. dazu auch *H. Waldenfels,* Gott. Auf der Suche nach dem Lebensgrund. Leipzig ²1997.

11 Vgl. dazu aus einer interdisziplinären Perspektive *G. Oberhammer / M. Schmücker* (Hg.), Raum-zeitliche Vermittlung der Transzendenz. Zur „sakramentalen" Dimension religiöser Tradition. Arbeitsdokumentation eines Symposiums. Wien 1999.

12 Vgl. zum Folgenden *H. Waldenfels,* Gott (A. 10) 100ff.

Geschichte eine universale und letzte Wahrheit ein, die den Verstand des Menschen dazu herausfordert, niemals stehen zu bleiben; ja, sie spornt ihn an, den Raum des Wissens ständig zu erweitern, bis er gewahr wird, ohne jegliche Unterlassung alles in seiner Macht Stehende getan zu haben" (ebd.).

Als Beispiel für eine solche Haltung dient dem Papst Anselm von Canterbury (1033-1109). Aus dem Eingang seines *Proslogion* werden in der Enzyklika die berühmten Sätze zitiert:

> O Herr, du bist nicht nur das Größte, das man sich denken kann (*non solum es quo maius cogitari nequit*), sondern du bist größer als alles, was man sich denken kann (*quiddam maius quam cogitari possit*) ... Wenn du nicht so beschaffen wärest, könnte man sich etwas Größeres als dich vorstellen, aber das ist unmöglich. (Nr. 14)

Von einem „*maius*", einem „Größeren", das im Hinblick auf das Denken zu einem abschließenden Ergebnis führt, geht hier der Weg zu einem „*maius*", das jenseits des Denkens ein offenes Feld erreicht.[13] Wo das Eingeständnis der Bruchstückhaftigkeit und Begrenztheit des Denkens nicht in sich geschlossen bleibt und den Menschen folglich nicht auf sich zurückfallen lässt, dort eröffnet sich jenes Feld, auf dem Glaube und Verstand sich begegnen und die Metaphysik wieder ein Ort ist, der eine Ahnung von Gott vermittelt.

Es kommt aber im Blick auf das „*maius*" noch ein weiterer Aspekt hinzu. Dem „*maius*" entspricht in der entgegengesetzten Blickrichtung das „*minus*", das „je Geringere", „je Kleinere". War lange Zeit Gott der „*semper maior*", so wird er in unserer Zeit – gerade im Blick auf seine Menschwerdung – als der „*Deus semper minor*" gesehen. Damit ändert sich in der heutigen Zeit der „religiöse Blick" insofern, als der Mensch nicht mehr allein auf die unüberbietbare Größe der Allmacht Gottes schaut und in dieser das zentrale Attribut Gottes erkennt, sondern an dessen Stelle die Erkenntnis der Ohnmacht treten lässt, in der sich erst die volle und wahre Mächtigkeit Gottes zeigt und bewährt. Im Blick auf die Inkarnation Gottes bekommt der Aspekt der Kleinheit und des Je-Kleineren eine neue Faszination. Theologisch ist – nicht zuletzt auch auf dem Boden interreligiöser Begegnung[14] – der Aspekt des Kenotischen

---

13 Vgl. meine Überlegungen im Grenzbereich von Philosophie, Religionswissenschaft und Theologie in *H. Waldenfels,* An der Grenze des Denkbaren: Meditation – Ost und West. München 1988.

14 Vgl. dazu *H. Waldenfels,* Gottes Wort in der Fremde. Theologische Versuche II (= Begegnung 5). Bonn 1997, 204-220 u. ö.

wiederentdeckt worden, der sich christlicherseits in der Aussage des Philipperbriefes 2 findet:

> „ekenōsen heauton", „er machte sich selbst leer".

„Außen" und „innen"

Die Erwägungen zum christlichen Standpunkt enden mit einer doppelten zusammenfassenden Feststellung:
(1) „Die Wahrheit, welche die Offenbarung uns erkennen lässt, ist nicht die reife Frucht oder der Höhepunkt eines von der Vernunft aufbereiteten Denkens. Sie erscheint hingegen mit dem Wesensmerkmal der Ungeschuldetheit, bringt Denken hervor und fordert, als Ausdruck der Liebe angenommen zu werden" (Nr. 15).
(2) Die Rede vom „Außen" der Offenbarung ist – im Grunde – nur der Versuch, die Ungeschuldetheit der dem Menschen in der göttlichen Offenbarung geschenkten Erkenntnis gegen die Vorstellung zu sichern, dass der Mensch selbst der Produzent der Offenbarung ist. Wo dieses klar ist, kann aber der Mensch mit Nachdruck an sein „Innen" zurückverwiesen werden. Die Enzyklika tut das mit zwei Verweisen:
In *Deuteronomium* 30,14 heißt es:

> Das Wort ist ganz nah bei dir, es ist in deinem Mund und in deinem Herzen,
> du kannst es halten.

Und bei Augustinus (354-430) findet sich das viel zitierte Wort:

> *Noli foras ire, in te ipsum redi.*
> *In interiore homine habitat veritas.*
>
> Geh nicht nach draußen, kehre zu dir selbst zurück.
> Im Innern des Inneren des Menschen wohnt die Wahrheit.
> *(De vera religione XXXXIX, 72;* Nr. 15)

Ein weiterer Hinweis leitet in die folgenden Überlegungen über. Am Ende von Kapitel I sagt der Papst, „das letzte Ziel des menschlichen Daseins als Person" sei ein „Forschungsobjekt sowohl der Philosophie als auch der Theologie" (Nr. 15). Um das Verhältnis von Philosophie und Theologie, Vernunft und Glaube geht es folglich im zentralen Teil der Enzyklika.

Die Zirkularität von Glauben und Denken

Die drei Kapitel II-IV der Enzyklika gehen unter verschiedener Rücksicht dem Wechselspiel zwischen Glaube und Verstand nach. Das Hin und Her findet Ausdruck in den beiden auf Augustinus zurückgehenden Sätzen:

> *Intellige ut credam, crede ut intelligam.*
> Verstehe, um zu glauben, glaube, um zu verstehen.
> (*Sermo* 43,7.9; PL 38,258)

Intellectus und *fides, intelligere* und *credere* fanden in der Folgezeit eine immer stärkere Verknüpfung, die zu Anselm, Thomas von Aquin (1224 bis 1274) und anderen führt und in der Gegenwart zu einer neuen Frage geworden ist.[15]

In der Enzyklika spricht der Papst später von einer Zirkularität, einer Kreisbewegung zwischen Theologie und Philosophie (vgl. Nr. 73). Ich selbst würde eher von einer elliptischen Bewegung, vielleicht auch einer Spiralbewegung sprechen, da es sich um eine Bewegung handelt, die nicht auf der Stelle tritt, sondern den Menschen als solchen, in seiner Erkenntnis und in seinem Lebensvollzug voranschreiten lässt. Jedenfalls geht es um ein *polares* Verhältnis im Verständnis der Erkenntnis. Deshalb legt es sich nahe, dass wir uns zunächst dem Verständnis der beiden Pole *fides* und *ratio* zuwenden, ehe wir den drei Gedankengängen der genannten Kapitel folgen.

Exkurs: „Fides et ratio"

Die Enzyklika hat ihren Titel von den beiden Eingangsworten *„Fides et ratio"*. Die deutsche Übersetzung gibt die beiden Worte mit „Glaube und Vernunft" wieder. Angesichts der begrifflichen Unschärfe haben wir bislang in der Übersetzung zwischen „Vernunft" und „Verstand" gewechselt, zumal schon sachlich der Begriff „Verstand" dem lateini-

---

[15] Vgl. zu den Grundlinien Art. Credo, ut intelligam (*M. Seckler*): LThK3 II 1343ff. Mit guten Gründen kehrt das Thema im Titel der FS Seckler wieder: *M. Kessler / W. Pannenberg / H. J. Pottmeyer* (Hg.), Fides quaerens intellectum. Beiträge zur Fundamentaltheologie. Tübingen/Basel 1992.

schen „*ratio*" näher steht als der Begriff „Vernunft". Angesichts der deutschen Begriffsgeschichte der beiden Termini erscheint die deutsche Übersetzung des Titels der Enzyklika nicht hinreichend bedacht. Unabhängig von der sehr komplizierten Begriffsgeschichte,[16] sollte aber nicht übersehen werden, dass „das Verhältnis von Vernunft (νοῦς, *intellectus*) und Verstand ... zu den großen Fragen [gehört], die die gesamte abendländische Philosophie durchziehen".[17] Ich selbst bleibe dabei, dass „*ratio*", wenn sie sich auf die Erkenntnis*fähigkeit*, nicht auf die Erkenntnis*gründe (rationes)* bezieht, aus Gründen, die früher bereits angesprochen wurden, eher mit „Verstand" wiederzugeben ist, auch wenn „Vernunft" vielleicht die größere Sinnbreite enthält.

Wichtig ist, dass es in den meisten westlichen Sprachen mehrere Begriffe für das menschliche Erkenntnisvermögen gibt. Selbst wo etymologische Erinnerungen verloren gehen – etwa beim lateinischen *ratio* von *reri* = rechnen, meinen, oder beim deutschen „Vernunft" von „vernehmen" –, akzentuieren die verschiedenen Begriffe dann unterschiedliche Seiten oder Funktionen der einen menschlichen Erkenntnisfähigkeit. So zeigt sich etwa im mittelalterlichen Denken eine aufwärts führende Stufung des Seelenvermögens in *sensus, imaginatio, ratio, intellectus* und *intelligentia*. Zu den verschiedenen Momenten gehört die Unterscheidung von analytischer und synthetischer, abstrakter und intuitiver, aktiv nachvollziehender sowie gestaltender und passiv empfangend-vernehmender Erkenntnis. „Intellekt" – wenn das Wort denn von „*intellegere*" als „dazwischen auswählen" abzuleiten ist – kommt eher der deutschen „Einsicht" bzw. einer „intuitiven Erkenntnis" nahe.

Geht man nun davon aus, dass „*ratio*" als menschliches Erkenntnis- und Denkvermögen der „*fides*" gegenübertritt, die, wenn sie zur mensch-

---

[16] Vgl. dazu die einschlägigen Artikel „Intellectus agens / intellectus possibilis", „Intellekt", „Intelligenz", „Ratio", in: *J. Ritter / K. Gründer* (Hg.), Historisches Wörterbuch der Philosophie. Neuauflage Basel/Bern 1971ff. (die Artikel „Vernunft/Verstand" sind noch nicht erschienen); zur neuzeitlichen Bedeutung und Entwicklung der Rationalität auch *L. Scheffczyk* (Hg.), Rationalität. Ihre Entwicklung und ihre Grenzen (= Grenzfragen 16). Freiburg/München 1989.

[17] So *C. F. Gethmann*, Art. Verstand: *J. Mittelstraß* (Hg.), Enzyklopädie Philosophie und Wissenschaftstheorie. Stuttgart/Weimar 1996, IV 528. Es heißt dort weiter: „... es ist vor allem ein zentrales Thema der neuzeitlichen Philosophie von R. Descartes bis G. W. F. Hegel. Dabei ist die paarweise Übersetzung der Begriffe Vernunft und Verstand im Verlaufe der mittelalterlichen und frühneuzeitlichen Überlieferung noch ungefestigt, so dass νοῦς sowohl durch ‚intellectus' als auch durch ‚ratio' übersetzt und die im neuzeitlichen Sinne rationale Verstandestätigkeit dem Intellekt zugeschrieben wird. Die Übersetzung von ‚ratio' durch ‚Verstand' ist erst seit I. Kant einheitlich."

lichen Erkenntnis in Beziehung tritt, gleichfalls in den Bereich menschlichen Erkenntnis- und Denkvermögens eintritt, dann stellt sich die Frage, ob es nicht sinnvoll ist, statt von „Glaube und Vernunft" von „Glauben und Denken" zu sprechen. In diesem Fall richtet sich der Blick nicht auf die schwierige Frage des Erkenntnis*vermögens*, sondern auf den im menschlichen Leben sich ereignenden *Prozess* von Glauben und Denken, der sich im selben menschlichen Subjekt vollzieht. Das Gegenüber von Glauben und Denken erweist sich im Übrigen auch als hilfreich, wenn wir in der Enzyklika auf die Bedeutung von „*fides*" achten.

Abgesehen von einer später zu besprechenden Stelle wird freilich leider auch das Verständnis von „Glaube" weithin eher vorausgesetzt als erklärt. Das ist schon deshalb zu bedauern, weil in dem zu besprechenden Kontext wie überhaupt in der Enzyklika „glauben" vordringlich als eine Weise der Erkenntnis angesprochen wird. Dieser Eindruck bleibt auch dann bestehen, wenn man „glauben" – von *Dei Verbum* Nr. 5 her – als ganzmenschlichen, Willen und Emotionalität einschließenden Akt versteht. Die in einem menschlichen Erkenntnisorgan sich treffende, aber auf zwei Weisen ausgelöste Erkenntnis des Menschen stellt den eigentlichen Ausgangspunkt des Diskurses über die Philosophie und ihr Verhältnis zur Theologie dar. Dieser Ausgangspunkt ist deshalb auch da zu beachten, wo „*fides*" und „*ratio*" in ihrem wechselseitigen Spannungsverhältnis bedacht werden.

Sodann ist auf einen weiteren Gesichtspunkt hinzuweisen. Wir sprechen heute wieder ausführlicher vom „Glaubens*sinn*", lateinisch: *sensus fidei*. In gewissem Sinne kündet sich in den Frühphasen dieses Begriffs bereits das kommende Interesse an der menschlichen Seite des Glaubensvollzugs und damit die Wende zur Anthropozentrik an. Hier aber ist dann zu beachten, dass *sensus* – wie bereits zuvor angeklungen – ursprünglich zum Gesamtbereich des menschlichen Wahrnehmungs- und Erkenntnispotenzials gehört, ehe er von der späteren Bedeutung der „Sinn"-Rede geprägt erscheint.[18] Der Glaubenssinn als Wahrnehmungsvermögen und damit als Ort, an dem sich – wie immer – die gott-menschliche Begegnung ereignet, wäre vielleicht in Zukunft noch stärker in den später noch zu besprechenden, weiter gefassten Bereich der Glaubenserkenntnis hinein zu bedenken.

---

18 Zur Begriffsgeschichte von „Sinn" vgl. *G. Sauter*, Was heißt: nach Sinn fragen? Eine theologisch-philosophische Orientierung. München 1982.

Dreifacher Ansatz

An Anselm, der schon am Ende des Kapitels I der Enzyklika zitiert wurde und erneut ausdrücklich zur Sprache kommt, wo im Kapitel V die Geschichte der abendländischen Philosophie zum Verhältnis von *„fides"* und *„ratio"* thematisiert wird, ist auch bei den Überschriften der Kapitel II und III: *„Credo ut intelligam"* und *„Intelligo ut credam"* zu denken, wo „einsehen" (*„intelligere"*) zur Vermittlungsinstanz zwischen „glauben" und „glauben" wird; doch das ist später zu erläutern.
In allen drei Kapiteln geht es um Glauben und Denken, einmal um den Weg vom Glauben zur Einsicht, sodann um den Weg von der Einsicht bzw. dem Denken erneut zum Glauben, schließlich um das Verhältnis beider zueinander. Da sich das Wechselspiel im Raum der Geschichte vollzieht, sind alle drei Kapitel auch dadurch gekennzeichnet, dass in ihnen die Fragen nicht spekulativ, sondern im Blick auf geschichtliche Situationen und geschichtliche Abläufe erörtert werden. Das ist nun konkreter zu bedenken.

I.

Vom Glauben zur Einsicht

Zwei Gesichtspunkte beherrschen das Kapitel III: die Entdeckung der Weisheit und die Aufforderung, sie zu erwerben. Beides findet sich biblisch in dem viel zu wenig beachteten dritten Teil des Ersten Testaments, in der Weisheitsliteratur.

„Die Weisheit weiß und versteht alles" (Weish 9,11)

Interessanterweise steht zwar das *„Credo"* an erster Stelle in der Überschrift des Kapitels, und der Text arbeitet auch vorzüglich mit inspirierten heiligen Schriften, doch inhaltlich geht es im Buch der Weisheit und anderen Weisheitstexten zunächst um allgemein gültige, allen Menschen – Glaubenden wie Nichtglaubenden – zugängliche Beobachtungen. Ausdrücklich wird darauf hingewiesen, dass diese Seiten des Alten Testaments dadurch beeindrucken, „dass in diesen Texten nicht nur Israels Glaube enthalten ist, sondern auch der Reichtum bereits untergegangener Zivilisationen und Kulturen" (Nr. 16). Man hört die Stimmen Ägyptens und Mesopotamiens; man entdeckt manche gemeinsame Züge der altorientalischen Kulturen. Vor diesem Hintergrund lässt sich der weise Mensch als derjenige beschreiben, der die Wahrheit liebt und nach ihr sucht, eben als Philosoph:

> Wohl dem Menschen, der nachsinnt über die Weisheit, der sich bemüht um Einsicht, der seinen Sinn richtet auf ihre Wege und auf ihre Pfade achtet, der ihr nachgeht wie ein Späher und an ihren Eingängen lauert, der durch ihre Fenster schaut und an ihren Türen horcht, der sich bei ihrem Haus niederlässt und seine Zeltstricke an ihrer Mauer befestigt, der neben ihr sein Zelt aufstellt und so eine gute Wohnung hat, der sein Nest in ihr Laub baut und in ihren Zweigen die Nacht verbringt, der sich in ihrem Schatten vor der Hitze verbirgt und im Schutz ihres Hauses wohnt. (Sir 14,20-27)

In den Texten Israels spiegeln sich so die Umwelt des Volkes und die Zeit wider. Zugleich aber bezeugen sie die Überzeugung, „dass zwischen der Vernunft und der Glaubenserkenntnis (lat.: *inter rationis cognitionem atque fidei*) eine tiefe, untrennbare Einheit besteht" (Nr. 16). Hinzu kommt etwas, was für die heutige Philosophie nicht mehr in gleicher Weise gilt: Die Suche nach der Weisheit ist in gleicher Weise Suche nach Gott. Gott aber handelt in der Welt, ohne die Autonomie der Vernunft zu beschneiden oder ihren Handlungsspielraum einzuschränken. Entsprechend gibt es kein Konkurrenzverhältnis zwischen Glaube und Vernunft, Glauben und Denken.

Es werden dann drei Regeln genannt, die die Vernunft beachten muss, um ihrer Natur möglichst weitgehend zu entsprechen:

(1) Das Erkennen des Menschen ist ein Weg, der keinen Stillstand kennt.
(2) Auf diesem Weg kommt man nicht voran, wenn man hochmütig meint, alle Erkenntnis sei Frucht persönlicher Errungenschaft.
(3) Die wahre Erkenntnis gründet in der „Gottesfurcht", das heißt, „die Vernunft muss Gottes souveräne Transzendenz und zugleich seine sorgende Liebe bei der Lenkung der Welt anerkennen" (Nr. 18).

Die in der Weisheitsliteratur Israels zu beobachtende selbstverständliche Bindung der tiefsten Weisheit an Gott weckt dann auch die Erinnerung an die jedem Menschen grundsätzlich offene Möglichkeit, Gott in der Natur und in der Geschichte zu erkennen – eine Glaubensüberzeugung, die bereits dort zur Sprache kam, wo das 1. Vatikanische Konzil Erwähnung fand (vgl. Nr. 8/9). Freilich ist hier hinzuzufügen, dass die Enzyklika an dieser Stelle nicht argumentiert, sondern im Blick auf Israels Umgang mit der Weisheit referiert. In einer Zeit, in der der Zusammenhang von Glauben und Denken weithin zerbrochen ist und die Vernunfterkenntnis auf sich selbst zurückfällt, ist die Erinnerung an andere Verhaltensweisen der Vernunft aber zugleich eine Einladung zur Besinnung und die Aufforderung, es vielleicht doch mit einer veränderten Einstellung neu zu versuchen.

„Erwirb dir Weisheit, erwirb dir Einsicht!" (Spr 4,5)

Die Einladung, es neu mit der Suche der Weisheit zu versuchen und das mit *„prudentia"*, genauer: mit Klugheit, zu tun, bestimmt den zweiten Teil des Kapitels III. Ausgangspunkt ist hier die Entdeckung des biblischen Menschen, „dass er (der Mensch – H. W.) sich nur begreifen kann, insofern er ‚in Beziehung steht': in Beziehung zu sich selbst, zum Volk, zur Welt und zu Gott (*„coniunctum" secum et cum populo, cum reliquo orbe ac cum Deo ipso*)" (Nr. 21). Die Erkenntnis verbindet nach dem Alten Testament somit die sorgfältige Beobachtung des Menschen, der

Welt und Geschichte mit der „unerlässlichen Beziehung zum Glauben und zu den Inhalten der Offenbarung" (ebd.). Die Öffnung für das Geheimnis, die dem Menschen „von der Offenbarung zukam, war schließlich für ihn die Quelle einer wahren Erkenntnis, die seiner Vernunft das Eintauchen in die Räume der Unendlichkeit erlaubte, wodurch er bis dahin unverhoffte Verständnismöglichkeiten erhielt" (ebd.).
Was im Alten Testament beredten Ausdruck findet, greift der Apostel Paulus im 1. Kapitel des Römerbriefes auf. Die Enzyklika nennt seine Überlegung „eine philosophische Argumentation in der Sprache des Volkes" (Nr. 22), ja einen Text, der die „metaphysische Fähigkeit des Menschen bejaht":

> Der Vernunft wird also eine Fähigkeit zuerkannt, die gleichsam ihre natürlichen Grenzen zu übersteigen scheint: Nicht nur, dass sie von dem Augenblick an, wo sie kritisch darüber nachdenken kann, nicht mehr in die sinnliche Erkenntnis verbannt ist, sondern auch durch das Argumentieren über die Sinneswahrnehmungen kann sie zu dem Grund vordringen, der am Anfang jeder sinnlich wahrnehmbaren Wirklichkeit steht. (Nr. 22)

Freilich gehört es dann auch zur geschichtlichen Wahrheit, dass der Mensch sich nach dem Verständnis der Schrift dem Prinzip der Unterscheidung von Gut und Böse versagte und auf die von Gott stammende Erkenntnis verzichten zu können meinte. Im Rückzug der menschlichen Vernunft auf sich selbst wurde sie „zunehmend zur Gefangenen ihrer selbst (*sui ipsius captiva*)" (ebd.). Die Schwächung der Vernunft ist folglich nicht allein naturbedingt, sondern auch wesentlich Resultat eines vom Menschen zu verantwortenden Fehlverhaltens.
Dies führt dahin, dass es bei Paulus zur Gegenüberstellung von „Weisheit dieser Welt" und „Weisheit Gottes" kommt (vgl. Nr. 23). Hier fällt dann der Blick auf das Kreuz, das die Weisheit der Welt als „Torheit" entlarvt (vgl. 1 Kor 1,20):[19]

> Der gekreuzigte Sohn Gottes ist das geschichtliche Ereignis, an dem jeder Versuch des Verstandes scheitert, auf rein menschlichen Argumenten einen ausreichenden Beleg für den Sinn des Daseins aufzubauen. Der wahre Knotenpunkt, der die Philosophie herausfordert, ist der Tod Jesu Christi am Kreuz. (Nr. 23)

An keiner Stelle der Enzyklika wird so unmittelbar und ausdrücklich aus der Mitte der christlichen Glaubensüberzeugung gesprochen und der

---

[19] Vgl. dazu *H. Merklein*, Studien zu Jesus und Paulus. Tübingen 1987, 376-384.

Widerspruch zwischen der (Welt-)„Weisheit der Worte" und *dem* „Wort von der Weisheit", das im Schrei des Gekreuzigten verhallt, aufgedeckt.

Die Begegnung von gott-loser „Weltweisheit" und „Weisheit Gottes" in der „Torheit" des Kreuzes ist aber dann für den Papst jenes dramatische Ereignis der Geschichte, das weg-weisend für alle Völker und Kulturen sein kann:

> Die Weisheit des Kreuzes überwindet daher jede kulturelle Grenze, die man ihr auferlegen will, und verpflichtet dazu, sich der Universalität der Wahrheit, deren Trägerin sie ist, zu öffnen. Was für eine Herausforderung stellt sich da unserer Vernunft, und welchen Nutzen zieht sie daraus, wenn sie sich denn geschlagen gibt! Die Philosophie, die schon von sich aus imstande ist, die unablässige Selbsttranszendierung des Menschen auf die Wahrheit hin zu erkennen, kann sich mit Hilfe des Glaubens öffnen, um in der „Torheit" des Kreuzes die echte Kritik an denen aufzugreifen, die sich der Täuschung hingeben, die Wahrheit zu besitzen, während sie sie in den Untiefen ihres Systems gefangen halten. Das Verhältnis von Glaube und Philosophie trifft in der Verkündigung vom gekreuzigten und auferstandenen Christus auf die Felsklippe, an der es Schiffbruch erleiden kann. Doch jenseits dieser Klippe kann es in das unendliche Meer der Wahrheit einmünden. Hier zeigt sich deutlich die Grenze zwischen Vernunft und Glaube, es wird aber auch der Raum klar erkennbar, in dem sich beide begegnen können. (Nr. 23)

II.
Wahrheitssuche

Im Kapitel IV bleibt Johannes Paul II. bei der doppelten Bestimmung des Menschen als dem, *„der nach der Wahrheit sucht"* (Nr. 28), und dem, *„der im glaubenden Vertrauen auf den anderen lebt"* (*ille qui vivit alteri fidens*: Nr. 31). Dennoch drängt sich immer wieder die erste Bestimmung auf, wenn man die Geschichte der Menschen betrachtet. Danach ist der Mensch ein Wahrheitssucher, auch wenn die Wahrheit dann verschiedene Gesichter annimmt.

Wahrheitssucher

Neutestamentlich-biblisch ist die Wahrheitssuche in der berühmten Rede des Paulus auf dem Areopag in Athen thematisiert worden (vgl. Apg 17; Nr. 24). Ausdruck der Wahrheitssehnsucht ist aber dann nicht nur die philosophische Literatur, sondern die Literatur überhaupt; die Sehnsucht findet aber ihren Niederschlag auch in der Musik, der Malerei, in der Bildhauerei und Architektur, in allen Erzeugnissen des schöpferischen Verstandes des Menschen.[20]
Am Anfang der *Metaphysik* des Aristoteles (384-322 v. Chr.) steht der Satz:

> Alle Menschen streben nach Wissen. (Nr. 25)

Da der Mensch aber jemand ist, der nicht nur weiß, sondern weiß, dass er weiß, strebt er über die äußere Wahrnehmung hinaus zum Grund der Dinge, zur Wahrheit. Dabei zeigt sich im theoretischen wie im praktischen Bereich, dass der Mensch nicht mit der Falschheit, sondern nur mit der Wahrheit zufrieden ist und folglich auch über das Falsche hinweg zum Wahren strebt.

---

[20] Vgl. aus der Fülle neuerer Veröffentlichungen *W. Lersch* (Hg.), Theologie und ästhetische Erfahrung. Beiträge zur Begegnung von Religion und Kunst. Darmstadt 1994; *F. Mennekes*, Künstlerisches Sehen und Spiritualität. Zürich/Düsseldorf 1995.

Bei Augustinus findet sich der Satz:

> Ich habe manchen gefunden, der andere täuschen wollte,
> aber keinen, der getäuscht werden wollte.
> (*Bekenntnisse* X, 23.33; Nr. 25)

Damit wird genau jene Haltung beschrieben, die den Menschen von seiner Natur her kennzeichnet: Er sucht Wahrheit, nicht Falschheit, selbst wenn er nicht sicher ist, ob und wieweit er zur *vollen* Wahrheit gelangt.

An dieser Stelle lenkt der Papst den Blick ausdrücklich auf die Sinnfrage (vgl. Nr. 26). Auslöser dieser Frage ist für ihn die Tatsache, dass der Mensch – außer seiner Existenz – nur *eine* absolut sichere Wahrheit kennt: die Unvermeidlichkeit des Todes. Dieser lässt den Menschen ratlos zurück, macht das Leben letztendlich zu einer großen Aporie, die immer wieder ihren Ausdruck findet; die Enzyklika erinnert an die Philosophen, die die Absurdität vertreten, und das Buch *Ijob* mit seinen provokanten Fragen.

Angesichts dieser Aporie steht dann die Frage im Raum, „ob es möglich ist, zu einer universalen und absoluten Wahrheit zu gelangen oder nicht" (Nr. 27). Hier gilt es nochmals zu unterscheiden zwischen der Teilwahrheit und einem Letzten und Absoluten, angesichts dessen es keine Fragen mehr gibt. Auch die Teilwahrheit ist, wenn sie denn wirklich Wahrheit ist, insofern von universaler Geltung, als alles, was wahr ist, für alle und für immer wahr sein muss (vgl. Nr. 27).

> Außer dieser Universalität sucht der Mensch jedoch nach einem Absoluten, das in der Lage sein soll, seinem ganzen Suchen und Forschen Antwort und Sinn zu geben: etwas Letztes, das sich als Grund jeder Sache herausstellt. Mit anderen Worten, er sucht nach einer endgültigen Erklärung, nach einem höchsten Wert, über den hinaus es weitere Fragen oder Verweise weder gibt noch geben kann. Hypothesen können den Menschen faszinieren, aber sie befriedigen ihn nicht. Es kommt für alle der Zeitpunkt, wo sie, ob sie es zugeben oder nicht, das Bedürfnis haben, ihre Existenz in einer als endgültig anerkannten Wahrheit zu verankern, welche eine Gewissheit vermittelt, die nicht mehr dem Zweifel unterworfen ist. (Ebd.)

Diese Suche nach Wahrheit ist freilich keineswegs nur Sache der Fachphilosophie:

> Über die philosophischen Systeme hinaus gibt es jedoch noch andere Ausdrucksformen, in denen der Mensch seiner „Philosophie" Gestalt zu geben versucht: Dabei handelt es sich um persönliche Überzeugungen

oder Erfahrungen, um familiäre oder kulturelle Traditionen oder um Lebensprogramme, wo man sich der Autorität eines Meisters anvertraut. Aus jeder dieser Erscheinungen spricht stets der lebhafte Wunsch, zur Gewissheit der Wahrheit und ihres absoluten Wertes zu gelangen. (Ebd.)

„Gesichter der Wahrheit"

Im Ergebnis stehen wir damit vor „verschiedenen Gesichtern der Wahrheit des Menschen *(diversae de homine veritatis facies)*" (Nr. 28). Schon die Wahrheitssuche lässt sich angesichts der menschlichen Begrenztheit nicht auf eine einzige Weise zurückführen, zumal oft genug nicht nur unterschiedliche Vorstellungswelten miteinander konkurrieren, sondern auch verschiedene Interessen der konsequenten Verfolgung der Wahrheit im Wege stehen. Es gibt auch eine Flucht vor der Wahrheit, zumal wenn deren Anspruch spürbar wird. Doch weil der Mensch im Grunde nicht mit Zweifeln, Unsicherheiten und Lügen leben will und kann, bricht die Wahrheitssuche immer wieder durch.

Gegen den Einspruch, dass es eine letzte, absolute Wahrheit nicht gibt, setzt die Enzyklika die Tatsache, dass Menschen nicht nach ihr suchen würden, wenn es nicht eine Ahnung von ihr gäbe oder doch sicher wäre, dass sie absolut unerreichbar ist (vgl. Nr. 29). Folglich tritt die Enzyklika auch – gegen ein sich ausbreitendes Gefühl der Sinnlosigkeit – für ein begründetes Vertrauen in die Sinnhaftigkeit der Suche ein. Zur Unterstützung des eigenen Gedankenganges werden dann verschiedene Ebenen der Wahrheitsfindung vorgestellt:

(1) An erster Stelle stehen Wahrheitsfindungen, die aufgrund von unmittelbarer Einsicht oder mit Hilfe von Erprobungen ihre Bestätigung finden. Zu ihnen gehören sowohl die *Wahrheit des Alltagslebens wie der einzelwissenschaftlichen Forschung.*

(2) Eine zweite Ebene ist die der *philosophischen Wahrheit*, wobei „Philosophie" ausdrücklich nochmals weit gefasst ist und auf alles angewandt wird, was auf eine Gesamtanschauung abzielt und eine Antwort auf die Frage nach dem Sinn des Daseins vor Augen hat. Diese Ebene wird dann im Folgenden weiter erläutert. Entscheidend ist hier, dass der Mensch zu dieser Wahrheit kraft der spekulativen Kraft seines Verstandes gelangt.

(3) Die dritte Ebene bilden die *religiösen Wahrheiten*, die zwar teilweise auch in der Philosophie verwurzelt sind, jedoch darüber hinaus in

den religiösen Traditionen ihre Heimat haben. Im Grunde geht es hier um das Verhältnis von Vernunft und Geschichte (vgl. Nr. 30).

Die Erläuterung der philosophischen Wahrheit erfährt aber dann eine wesentliche Vertiefung dadurch, dass im Folgenden nachdrücklich die gesellschaftliche Natur des Menschen im Verhältnis zur Wahrheitsfindung zur Sprache kommt. „Der Mensch ist nicht geschaffen, um allein zu leben", heißt es lapidar in Nr. 31:

> [Der Mensch] wird geboren und wächst in einer Familie auf, um sich später mit seiner Arbeit in die Gesellschaft einzugliedern. Er findet sich also von Geburt an in verschiedene Traditionen eingebunden, von denen er nicht nur die Sprache und die kulturelle Bildung, sondern auch vielfältige Wahrheiten empfängt, denen er gleichsam instinktiv glaubt.

Die gesellschaftliche Verflochtenheit des einzelnen Menschen aber hat zwei Konsequenzen:
(1) Die Wahrheit erhält viele Gesichter.
(2) Der Mensch muss glauben.

Der „glaubende" Mensch

Was zuvor als Desiderat angemeldet wurde, dass nämlich der Glaube einer genaueren Erklärung und zugleich einer deutlicheren anthropologischen Verankerung bedürfe, wird an dieser Stelle eingelöst. Wenn der Mensch hier nämlich als ein Wesen bestimmt wird, das „vom Glauben lebt", dann geht es nicht um den religiösen oder gar den christlichen Glauben, sondern um den in der Alltäglichkeit des Lebens verwirklichten und erfahrenen Glauben.[21]
Das Gemeinte findet seine Bestätigung sowohl in der Entwicklungsgeschichte des menschlichen Individuums als auch im alltäglichen Leben. In beiden Fällen sieht der Mensch sich einer Vielfalt von Wahrheiten ausgesetzt, die er glauben muss, um im Leben zurechtzukommen. Zum Wachstums- und Reifungsprozess des Menschen gehört es, dass er zu einem kritischen Gebrauch seiner Vernunft gelangt, wobei er dann die empfangenen, „geglaubten" Wahrheiten überprüft und sie „aufgrund der mit ihnen gemachten Erfahrung oder kraft nachfolgender Überlegungen" „wiedergewinnt" (Nr. 31).

---

[21] Vgl. zu dem doppelten Ansatz: anthropologisch – religiös *H. Waldenfels*, Fundamentaltheologie (A. 9) 316-328. 289-303.

Damit bekommt die Überschrift des Kapitels III gleichsam eine natürliche Verstehensbasis: Die Vernunfteinsicht macht Platz für einen vernünftigen Umgang mit zu glaubenden Wahrheiten. Das aber ist schon deshalb notwendig, weil „im Leben eines Menschen die einfachhin geglaubten Wahrheiten viel zahlreicher [sind] als jene, die er durch persönliche Überprüfung erwirbt":

> Wer wäre denn imstande, die unzähligen wissenschaftlichen Ergebnisse, auf die sich das moderne Leben stützt, kritisch zu prüfen? Wer vermöchte für sich allein den Strom der Informationen zu kontrollieren, die Tag für Tag aus allen Teilen der Welt eintreffen und die immerhin als grundsätzlich wahr angenommen werden? Wer könnte schließlich die Erfahrungs- und Denkwege wiederholen, auf denen sich die Schätze der Menschheit an Weisheit und Religiosität angesammelt haben? (Nr. 31)

Das führt zu einem „natürlichen" Verständnis von Glaube, der zu unserem alltäglichen Erfahrungsschatz gehört. In der Enzyklika heißt es:

> Im Glauben vertraut sich ein jeder den von anderen Personen erworbenen Erkenntnissen an. Darin ist eine bedeutungsvolle Spannung erkennbar: Einerseits erscheint die Erkenntnis durch Glauben als eine unvollkommene Erkenntnisform, die sich nach und nach durch die persönlich gewonnene Einsicht vervollkommnen soll; andererseits erweist sich der Glaube oft als menschlich reicher im Vergleich zur bloßen Einsichtigkeit, weil er eine Beziehung zwischen Personen einschließt und nicht nur die persönlichen Erkenntnisfähigkeiten, sondern auch die tiefer gehende Fähigkeit ins Spiel bringt, sich anderen Personen anzuvertrauen, indem man eine festere und innige Verbindung mit ihnen eingeht. (Nr. 32)

Von hier aus versucht der Papst aber dann einen weiteren Wahrheitsstandpunkt zu gewinnen, der jenseits der Wahrheiten liegt, die in die faktische oder die philosophische Ordnung gehören. Es geht um die personale bzw. personhaft verkörperte Wahrheit im Gegensatz zu Sachwahrheiten bzw. Wahrheiten, die Ergebnis der vernünftigen Suche des einzelnen Menschen sind.

Die Übertragung des Wahrheitsverständnisses auf die Person geschieht aber hier, auch wenn das nicht ausdrücklich gesagt wird, in deutlicher Anlehnung an das hebräische Wahrheitsverständnis. Das hebräische Wort 'emet bezieht sich theologisch auf Gott und spricht dann von Festigkeit, Stabilität, Glaube, Rechtschaffenheit, Integrität, Wahrheit und Wahrhaftigkeit, Verlässlichkeit und Treue.[22] Anthropologisch rückt die

---

[22] Vgl. ebd., 290f., auch 354-362.

personale Wahrheit auch in der Enzyklika in die Nähe zu Hingabe und Treue, das heißt, die Wahrheit besteht in der lebendigen Hingabe und Treue gegenüber dem anderen, in dem der Mensch „volle Gewissheit und Sicherheit" zu finden vermag (vgl. Nr. 32). Zugleich gilt dann:

> Der gläubige Mensch vertraut sich der Wahrheit an, die der andere ihm kundtut.

Das hier vorgestellte Vertrauens- und Treueverhältnis illustriert Johannes Paul II. am Zeugnis der Märtyrer. Insofern als im Kontext der Enzyklika dabei fast von selbst der Blick auf die christlichen Märtyrer fällt, erblickt man im Zeugnis der Märtyrer das darin aufleuchtende Verhältnis zu Christus und die darin sich ereignende Begegnung mit der Wahrheit über das Leben, der wahren Lebenswahrheit. Wahrheit wird somit nicht allein auf dem Weg der Aneignung partieller, faktischer und wissenschaftlicher Wahrheiten erreicht, sondern vor allem „dadurch, dass sich der Mensch vertrauensvoll auf andere Personen verlässt, welche die Sicherheit und Authentizität der Wahrheit garantieren können" (Nr. 33).

In der Enzyklika ist der Zusammenhang von „der Suche nach Wahrheit und der Suche nach einer Person, der [der Mensch] sich anvertrauen kann" (ebd.), von allerhöchster Bedeutung. Im Grunde verändert gerade das Miteinander mit einer vertrauenswürdigen Person auch das Klima der Wahrheitssuche, weil diese sich dann im Horizont von Freundschaft vollzieht. Nicht ohne Grund war die Freundschaft immer wieder Thema der klassischen Philosophie (vgl. ebd.). Das Christentum schließlich zeichnet sich dadurch aus, dass es das besprochene Miteinander auf einzigartige Weise in der Gestalt Jesu Christi demonstriert bekommen hat und daraus seinerseits demonstrieren kann.

Im Blick auf die in Jesus Christus sich zeigende Einheit von vernunftzugänglicher und in Gottes Offenbarung geschenkter Erkenntnis endet das Kapitel. Es wirkt zugleich wie ein Stück Wiedergutmachung an dem zu Unrecht verurteilten Galileo Galilei (1564-1642), wenn dieser mit seiner Feststellung zitiert wird, „dass die beiden Wahrheiten, die Wahrheit des Glaubens und die Wahrheit der Wissenschaft, niemals einander widersprechen können" (Nr. 34 A. 29). Was die Kirche hier ihrerseits im Laufe der Geschichte auch immer wieder schuldig geblieben ist, hätte freilich in der Enzyklika durchaus deutlicher angesprochen werden können.

III.
Glauben und Denken in der Christentumsgeschichte

Nachdem im Hin und Her das Verhältnis von Glaube und Einsicht, Einsicht und Glaube bedacht wurde, hat das Kapitel IV die Aufgabe, das Verhältnis von *fides* und *ratio* in der Christentumsgeschichte zu verfolgen. Das geschieht in drei Schritten. Die Frühzeit der Christentumsgeschichte ist weniger von der Begegnung des Christentums mit anderen Religionen gekennzeichnet als von einer Begegnung des christlichen Glaubens mit der kritischen Vernunft der griechischen Philosophie.[23] Im Hochmittelalter, in dem das Christentum zur beherrschenden Religion des Abendlandes herangewachsen ist, kommt dann auf neue Weise der einen gottgeschenkten *fides* menschlich die eine *ratio* entgegen. Auch wenn das Wort „Dialog" nicht fällt, steht hier das Verhältnis von *fides* und *ratio* für das Verhältnis von Gott und Mensch, Schöpfer und Geschöpf, sodass es korrekterweise als interpersonales Verhältnis mit allen Konsequenzen, die damit verbunden sind, angesprochen werden kann. Für den neuzeitlichen Prozess kommt schließlich das Zerbrechen dieses Grundverhältnisses in den Blick. Der Mensch fällt auf sich selbst zurück und verliert den Blick für den unermesslichen Raum, der sich über ihm auftut. Der offene Horizont ist eingebrochen und zerstört. Es bleiben die kleinen beschränkten Horizonte, in denen sich dann menschliches Leben abspielt.

Schritte der Begegnung

Die frühchristliche Geschichte beginnt im Dreieck von christlicher Lehre, heidnischen Religionen und philosophischer Kritik.[24] Während in

---

[23] Zur Bedeutung des Platonismus in dieser Zeit vgl. W. *Beierwaltes*, Platonismus im Christentum. Frankfurt 1998. Der Band verdient schon deshalb Beachtung, weil er auf den in der Enzyklika eher vernachlässigten Strang der negativen Philosophie und Theologie aufmerksam macht.

[24] *J. Ratzinger* weist darauf hin, dass die Erläuterung der ersten christlichen Jahrhunderte im Vergleich zu anderen Enzykliken auffallend breit ausfällt, und sieht den Grund dafür

unseren Tagen eine Vielzahl von Religionen wieder ihr Haupt erhebt, schob sich damals die philosophische Religions- und Mythenkritik zwischen die Mythen bzw. die heidnische Religiosität und das Christentum. Es kam nicht zur Begegnung mit den einzelnen Religionen; vielmehr wurden diese unter dem einheitlichen Titel des Heidentums und des Götzendienstes – teilweise im Rückgriff auf Verhaltensweisen, wie sie sich in der Spätzeit des vorchristlichen monotheistischen Israels bewusstseinsmäßig durchgesetzt hatten – verurteilt. In diesem Sinne erinnert die Enzyklika erneut an die Predigt des Paulus auf dem Areopag zu Athen. Nach seinem Beispiel konnten es die ersten Christen nicht mit dem Hinweis „auf Mose und die Propheten" bewenden lassen, vielmehr mussten sie „auf die natürliche Gotteserkenntnis und auf die Stimme des moralischen Gewissens" zurückgreifen (Nr. 36).

> Aufgabe der Väter der Philosophie war es, den Zusammenhang zwischen Vernunft und Religion sichtbar zu machen. Da sie den Blick auf allgemeine Prinzipien hin ausweiteten, gaben sie sich nicht mit alten Mythen zufrieden, sondern wollten ihrem Glauben an die Gottheit eine rationale Grundlage geben. So wurde ein Weg eingeschlagen, der, ausgehend von den einzelnen alten Überlieferungen, in eine Entwicklung einmündete, die den Anforderungen der allgemeinen Vernunft (*ratio universalis*) entsprach. Das Ziel, das diese Entwicklung anstrebte, war das kritische Bewusstsein dessen, woran man glaubte. (Ebd.)

Die Geschichte der frühen Begegnung von Christentum und Philosophie verlief freilich nicht geradlinig. In aller gebotenen Kürze erinnert die Enzyklika an eine Reihe von Punkten, die Beachtung verdienen.

(1) Gnosis: An erster Stelle wird der Einfluss der Gnosis genannt – jener Schule der Erkenntnis, die sehr früh in den Umkreis des Christentums eintrat, ihre eigene Geschichte kennt und bis heute in den verschiedenen Schulen der Esoterik fortwirkt, wobei sie in ihrer elitären Art der Erkenntnisvermittlung eine starke Faszination ausgebildet hat. Die Gefahr der Esoterik besteht letztendlich darin, dass die inneren Erfahrungen, die das jeweilige Subjekt macht, zum entscheidenden Urteilskriterium werden. In der Geschichte der Spiritualität steht dem

---

darin, dass „die christlichen Autoren von Anfang an die Methode der rationalen Analyse aufgenommen haben, die den zeitgenössischen Philosophen eigen war"; vgl. seinen Aufsatz: Die Lehre der Kirchenväter in der Enzyklika *Fides et ratio: L'Osservatore Romano* (deutsche Wochenausgabe) 29 (Nr. 14/15; 2. April 1999) 10f.; folgendes Zitat im Text aus diesem Artikel.

stets die Liebe, also die selbstlose Offenheit bzw. das Dasein für den anderen, als kritisches Unterscheidungsmerkmal gegenüber. Liebe lässt keinen Rückzug des Menschen in sich selbst zu, sondern reißt ihn gleichsam in die Zuwendung zum anderen, damit nach außen. Erkenntnis und Liebe bezeichnen entsprechend die beiden entscheidenden Pole. Die Enzyklika warnt ihrerseits vor einer „kulturellen Konzeption, die forderte, die Wahrheit der Offenbarung der Interpretation der Philosophen unterzuordnen" (Nr. 37). Hier wäre dann das Verhältnis von Religion und Offenbarung einerseits, Philosophie, Gnosis und Esoterik andererseits gerade für die heutige Situation genauer zu analysieren.

(2) **Wahrheit für alle:** Dass das Christentum sich nicht von vornherein der Philosophie und damit dem Einfluss der kritischen Vernunft geöffnet hat, ist zuzugeben. Es war nicht zuletzt die kritische Provokation von Seiten griechischer Denker, wie sie in der berühmten Schrift des Origenes *(185-254), Contra Celsum,* exemplarischen Ausdruck gefunden hat, die die Christen zwangen, sich dem Vorwurf, „ungebildete und grobschlächtige Leute" zu sein, zu stellen (vgl. Nr. 38).[25] An dieser Stelle wird folgender bemerkenswerte Gedanke eingefügt: Das Christentum hat von Anfang an auf der „Bestätigung des Rechtes aller auf Zugang zur Wahrheit" bestanden:

> Das Christentum hatte nach dem Niederreißen der durch Rasse, sozialen Stand und Geschlecht bedingten Schranken von Anfang an die Gleichheit aller Menschen vor Gott verkündet. Die erste Konsequenz dieser Auffassung wandte man auf das Thema Wahrheit an. Der elitäre Charakter, den die Wahrheitssuche bei den Alten hatte, wurde mit Entschlossenheit überwunden: Da der Zugang zur Wahrheit ein Gut ist, das es ermöglicht, zu Gott zu gelangen, müssen alle in der Lage sein, diesen Weg gehen zu können. Die Wege, um die Wahrheit zu erreichen, sind vielfältig; dennoch kann, da die christliche Wahrheit Heilswert besitzt, jeder dieser Wege nur dann eingeschlagen werden, wenn er zum letzten Ziel, das heißt zur Offenbarung Jesu Christi, führt. (Nr. 38)

Im Zusammenhang mit dieser Stelle der Enzyklika erinnert J. Ratzinger an den Satz des Symmachus aus seiner Kontroverse mit Ambrosius (339-397):

---

25 Vgl. *C. Reemts,* Vernunftgemäßer Glaube. Die Begründung des Christentums in der Schrift des Origenes gegen Celsus (= Hereditas 13). Bonn 1998.

> *Uno itinere non potest pervenire ad tam grande secretum.*
> Auf nur einem Weg kann man nicht zu einem so großen Geheimnis gelangen.
>
> *(Relatio 10)*

Er fügt dann an:

> Mit diesem Ausspruch bringt der heidnische Redner Symmachus während der berühmten Kontroverse mit dem heiligen Ambrosius den Relativismus seiner polytheistischen Religion zum Ausdruck, indem er der Einzigartigkeit jenes Weges, welcher Christus ist, die augenscheinliche universale und tolerante Offenheit römischer Traditionen entgegenstellt. Auf diese falsche Opposition zwischen christlicher Uniformität und heidnischer Offenheit antwortet die Enzyklika, den Kirchenvätern folgend, dass „die Wege, um die Wahrheit zu erreichen, vielfältig sind". (11)

Ausdrücklich erwähnt Ratzinger, dass die Theologie der Kirchenväter nicht monolithisch ist, sondern eine Vielfalt von Wegen und Schulen kennt. Damit eröffnet er aber zugleich den Ausblick auf die entsprechende Vielfalt in den folgenden geschichtlichen Epochen, zumal auch im Mittelalter.

(3) **„Wahre Philosophie":** Je deutlicher die Philosophie in Beziehung zur christlichen Offenbarung trat, umso mehr wurde ihr Beachtung geschenkt. Die Kreuzung des griechischen Logos mit dem in Jesus von Nazaret Fleisch gewordenen Logos führte einmal dahin, dass Kirchenväter das Christentum als die wahre „Gnosis", aber auch als die „wahre Philosophie" bezeichneten. Die Formulierung findet sich bei Justin ebenso wie bei Clemens Alexandrinus (140/150 bis ca. 221) (vgl. Nr. 38). Die Enzyklika zählt außerdem Origenes, die Kappadokier, Dionysios Areopagita (6. Jh.) und Augustinus zu denen, die für die kritische Übernahme des philosophischen Denkens in der Ausbildung theologischen Denkens Sorge getragen haben (vgl. Nr. 39/40). Dabei wird Augustinus als derjenige beschrieben, der die erste vollständige Synthese zwischen philosophischem und theologischem Denken vollzogen hat; sie „sollte jahrhundertelang die höchste Form philosophischen und theologischen Denkens bleiben, die das Abendland gekannt hat" (Nr. 40).

(4) **„Athen und Jerusalem":** Bei Tertullian (ca. 160 bis nach 212) gibt es die heute viel zitierte Frage:

> Was haben Athen und Jerusalem gemein? Was die Akademie und die Kirche?
>
> (*De praescriptione haereticorum VII,9: SC 46,98*; Nr. 41)

Die Enzyklika diskutiert die beiden geographischen Orte nicht. Sie versteht aber die Frage als „ein klares Anzeichen für das kritische Bewusstsein, mit dem sich die christlichen Denker von Anfang an mit dem Problem des Verhältnisses von Glaube und Philosophie auseinander setzten" (ebd.). Es ging dabei nicht nur um die Übertragung der Glaubensinhalte in eine neue Sprache. Vielmehr sollte all das sichtbar werden, was bis dahin in der Lehre der alten Philosophen eher propädeutisch und einschlussweise vorhanden war:

> Sie (d. h. die christlichen Denker – H. W.) hatten, wie gesagt, die Aufgabe, eine Methode zu lehren, wie die von den äußeren Fesseln befreite Vernunft (*mens*) aus der Sackgasse der Mythen (*ab angustiis fabularum*) herausfinden könnte, um sich der Transzendenz (*ad modum excedentem*) auf angemessenere Weise zu öffnen. Eine geläuterte und aufrichtige Vernunft (*mens*) war also imstande, sich auf die höheren Ebenen der Reflexion (*meditatio*) zu erheben, und schuf damit eine solide Grundlage für das Verständnis der Geschöpfe (*intelligentia creaturarum*), des transzendenten und absoluten Seins. (Ebd.)

Der Papst sieht das in der Väterzeit sich zeigende Neue weniger in der Verbindung, die sich auf der Ebene der Kulturen auftat, als in dem, was sich in der Tiefe der menschlichen Natur ereignete, wo es eine Verbindung zwischen Geschöpf und Schöpfer gibt. Hier zeigten sich dann einmal Gemeinsamkeiten zwischen Glaube und Philosophie, aber auch Unterschiede, die im Blick auf die Offenbarung zutage traten.

(5) „**Intellectus fidei**":[26] Übereinstimmend mit der Forschung erinnert die Enzyklika dann an Anselm von Canterbury, der dem Zusammenhang von Glaube und Vernunft in der Formel des *intellectus fidei* einen wegweisenden Ausdruck verliehen hat. Die Formel hat ihren Ursprungsort in der sachlich nicht korrekten Septuaginta-Übersetzung von Jes 7,9: *Nisi credideritis, non intelligetis*; „wenn ihr nicht glaubt, versteht ihr nicht". Sie kehrt in mehreren analogen Sätzen wie *credo ut intelligam*, „ich glaube, um zu verstehen", und *fides quaerens intellectum*, „der Glaube, der sein Verstehen sucht", wieder. Entscheidend ist hier, dass es um ein Verstehen-wollen des Glaubens geht, wobei Glaube sowohl den

---

[26] Vgl. zum Folgenden *H. Waldenfels*, Einführung (A. 9), 66-82.

Glaubensinhalt, das „Objekt", als auch das Glaubenssubjekt meint und dann auch die Methodik des Verstehens reflektiert wird.[27]

Bei Anselm streitet aber nicht der Primat des Glaubens mit der der Vernunft eigenen Suche. Denn es ist nicht Sache der Vernunft, über die Glaubensmaterie zu urteilen. Ihre Aufgabe ist es vielmehr, einen Sinn zu finden und Gründe zu entdecken, die alle Menschen zu einem gewissen Verständnis des Glaubens führen können. Hier aber stößt Anselm dann auf die Bedeutsamkeit der Liebe, die im Suchenden die Sehnsucht nach der Erkenntnis der Wahrheit und der Erkenntnis selbst auslöst.

> Der heilige Anselm unterstreicht die Tatsache, dass sich der Verstand (*intellectus*) auf die Suche nach dem begeben muss, was er liebt; je mehr er liebt, umso mehr sehnt er sich nach Erkenntnis. Wer für die Wahrheit lebt, strebt nach einer Erkenntnisform, die immer mehr von Liebe zu dem entbrennt, was er erkennt, auch wenn er einräumen muss, noch nicht alles getan zu haben, was in seinem Verlangen gelegen wäre: „*Ad te videndum factus sum; et nondum feci propter quod factus sum*" („Ich bin geschaffen worden, um dich zu schauen; und ich habe noch nicht getan, wozu ich geschaffen worden bin." (*Proslogion*, 1: PL 158, 226). (Nr. 42)

Der *intellectus fidei* ist aber dann ein Prozess, in dem dem Suchenden zum Bewusstsein kommt, dass die eigene Fähigkeit immer über das hinausragt und hinausstrebt, was tatsächlich erreicht wird. Dabei wächst dann auch eine Ahnung, wo der Weg seine Vollendung findet. Nach Anselm erreicht der Mensch mit „notwendigen Argumenten" die Einsicht, dass das Unbegreifliche und Unsagbare existiert, doch kann er es weder durchdringen noch erklären. Er begreift mit seiner Vernunft, dass es unbegreiflich ist (*rationabiliter comprehendit incomprehensibile esse*), wie die höchste Weisheit versteht, was sie geschaffen. Wie aber soll der Mensch erklären können, wie die höchste Weisheit sich versteht und benennt, wenn er über sie nichts oder fast nichts wissen kann (vgl. *Monologion*, 64; PL 158, 210)? Die Vernunft ersetzt nicht das Unbegreifliche und löst es nicht auf. Sie treibt aber das menschliche Denken und Suchen immer wieder über selbst gesetzte Grenzen hinaus, sodass es sich am Ende der uneinholbaren Wirklichkeit des Unbegreiflichen und Unsagbaren ausgesetzt sieht.

---

[27] Vgl. dazu ausführlicher *M. Seckler*, Theologie als Glaubenswissenschaft: *W. Kern / H. J. Pottmeyer / M. Seckler (Hg.)*, Handbuch der Fundamentaltheologie 4. Freiburg/Basel/Wien 1988, 179-241, v. a. 186-190. 204f.

Zu diesem Schritt wird ein zweiseitiges Ergebnis formuliert:

> Der grundlegende Einklang von philosophischer Erkenntnis und Erkenntnis des Glaubens wird noch einmal bekräftigt: Der Glaube verlangt, dass sein Gegenstand mit Hilfe der Vernunft verstanden wird; die Vernunft gibt auf dem Höhepunkt ihrer Suche das, was der Glaube vorlegt, als notwendig zu. (Nr. 42)

Ein neuer Schritt

Gegenüber dem ersten Schritt christlicher Begegnung mit der Welt des Denkens und ihren verschiedenen Aspekten wird die Bedeutung des heiligen Thomas von Aquin zwar deutlich, aber doch eher in Kürze hervorgehoben. Die Enzyklika spricht in der Überschrift dieses Abschnitts von *„Perennis sancti Thomae Aquinatis sententiarum novitas"*, „von der bleibenden Neuheit der Sentenzen des heiligen Thomas von Aquin". Thomas ist auch für Johannes Paul II. wie für seine Vorgänger ein „Lehrmeister des Denkens und Vorbild dafür" (Nr. 43). Mit Paul VI. (1897 bis 1978) wiederholt er:

> Thomas besaß zweifellos in höchstem Maße den Mut zur Wahrheit, die Freiheit des Geistes, wenn er an neue Probleme heranging, jene intellektuelle Redlichkeit, die denen eigen ist, die, auch wenn sie es auf keinen Fall zulassen, dass die christliche Wahrheit durch die profane Philosophie beschädigt wird, diese dennoch nicht im Geringsten apriori zurückweisen. Er ging deshalb in die Geschichte der christlichen Doktrin als einer der Pioniere ein, denen wir einen neuen Weg der Philosophie und der universalen Wissenschaft schulden. Der zentrale Punkt, ja gleichsam der Kernpunkt der Lehre, mit der er mit seinem genialen prophetischen Scharfsinn die Frage der neuen Beziehungen von Vernunft und Glaube löste, lag darin, dass er die Säkularität der Welt mit den strengen und steilen Forderungen des Evangeliums (*cum arduis ac severis Evangelii postulatis*) zusammenführte; damit entzog er sich der widernatürlichen Tendenz zur Verachtung der Welt und ihrer Güter, ohne allerdings die höchsten und unbeugsamen Ansprüche der übernatürlichen Ordnung zu vernachlässigen. (*Apostolisches Schreiben Lumen Ecclesiae* vom 20. 11. 1974, 8; AAS 66 [1974], 683; ebd.)

Worin bestand nun hier das „bleibend Neue"? Der Papst weist in Kürze auf die Bedeutung der Beschäftigung mit den arabischen und jüdischen Lehren, sodann auf die Vermittlung der aristotelischen Philosophie hin, die ihrerseits die „Harmonie zwischen Vernunft und Glaube" vertieft haben. Thomas ruft zum Mut auf, sich der Vernunft zu bedienen. In diesem Zusammenhang wird der Glaube ein *„exercitium cogitationis"*, eine „Denkübung" (Nr. 43), genannt:

> Der Doctor Angelicus hat, so nachdrücklich er auch den übernatürlichen Charakter des Glaubens unterstrich, den Wert seiner Vernunftgemäßheit nicht vergessen; ja, er vermochte in die Tiefe zu gehen und den Sinn ihrer Weisheit näher zu erklären. Denn der Glaube ist eine Art der „Denkübung"; die Vernunft nimmt sich durch ihre Zustimmung zu den Glaubenswahrheiten weder zurück noch erniedrigt sie sich; zu den Wahrheiten gelangt man in jedem Fall durch freie und bewusste Wahl (*ex libera et conscia selectione*). (Ebd.)

Es kommt ein Weiteres hinzu: die Verankerung aller Weisheit in der göttlichen Weisheit des Heiligen Geistes. Von den ersten Seiten seiner *Summa theologiae* an betont der Aquinate den Primat jener Weisheit, die dem Menschen vom Heiligen Geist geschenkt wird und die doch zugleich mit den beiden Formen menschlicher Weisheit zusammen zu sehen ist, der *philosophischen,* „die sich auf das Vermögen des Verstandes stützt, innerhalb der ihm angeborenen Grenzen die Wirklichkeit zu erforschen", und der *theologischen,* „die auf der Offenbarung beruht und die Glaubensinhalte prüft, wodurch sie zum Geheimnis Gottes selbst vorstößt" (ebd.).

Die Größe Thomas von Aquins und mit ihm anderer großer Scholastiker wie Bonaventura (1221-1274) und Dun Scotus (1265/66-1308) behält ihre eigentümliche Strahlkraft, wenn man sie im Lichte jener Entwicklungen betrachtet, die in der beginnenden Neuzeit immer mehr zu einem Auseinanderdriften von Glauben und menschlicher Vernunft geführt haben. Freilich machen es sich all die zu einfach, die heute nach der Lektüre der Enzyklika verbreiten, der Papst habe nichts anderes im Sinn, als alle Menschen zu Schülern des Aquinaten zu machen.

„Die Tragödie eines von der Vernunft getrennten Glaubens"

„Seiunctae a ratione fidei tragoedia" ist der letzte Abschnitt dieses Kapitels überschrieben. Das ist stärker, als es die deutsche Übersetzung „Das Drama der Trennung zwischen Glaube und Vernunft" aussagt. Die Tragödie betrifft zunächst nichts anderes als den Glauben. Glaube ohne Vernunft ist blind, Vernunft ohne Glauben ist leer. „Glaube ohne Vernunft" schwächt den Glauben, schwächt aber dann auch die Vernunft.

„Glaube ohne Vernunft" wirft den Glauben in die Irrationalität zurück, beraubt aber auch die Vernunft der Offenheit für die höhere Wirklichkeit, die zwar von der Vernunft nicht durchschaut und begriffen, aber dennoch von ihr im Ausgriff berührt wird. Die hier angesagte Trennung schadet also beiden, dem Glauben und der Vernunft.
Am Übergang zur Beschreibung des dritten Schrittes erinnert die Enzyklika daran, dass Thomas von Aquin und sein Lehrer Albertus Magnus (ca.1200-1280) die ersten Gelehrten waren, die der Philosophie und den Wissenschaften die notwendige Autonomie zuerkannten, aufgrund deren sie sich den Argumentationsgängen ihrer eigenen Forschung widmen können. Vom ausgehenden Mittelalter an wandelte sich dann die „legitime Unterscheidung" zwischen Theologie und Philosophie bzw. Wissenschaften allmählich in eine „unselige Trennung". Zugleich führte der Übergang in ein rationalistisches Denken zu einer von den Glaubenswahrheiten getrennten, absolut autonomen Philosophie. Inzwischen aber schlägt der dabei zunächst gewonnene Vernunftoptimismus in einen Vernunftpessimismus um:

> Zu den Folgen dieser Trennung gehörte unter anderem auch ein wachsender Argwohn gegenüber der Vernunft. Einige begannen sich zu einem allgemeinen, skeptischen und agnostischen Misstrauen zu bekennen, entweder um dem Glauben mehr Raum vorzuhalten oder aber um jede nur mögliche Beziehung zur Vernunft in Misskredit zu bringen. (Nr. 45)

Damit wurde die in Patristik und Mittelalter erreichte tiefe Einheit zwischen Glaube und rationaler Erkenntnisordnung zerstört. Im Sinne der Glaubenserkenntnis erscheint der letzte Abschnitt der Geschichte vor dem Jahr 2000 negativ als eine Zeit, in der sich die Philosophie mehr und mehr von der christlichen Offenbarung abwandte und am Ende zu eigentlichen Gegenpositionen gelangte. Die Enzyklika nennt in diesem Zusammenhang einmal die idealistischen Tendenzen, Glaubenspositionen „in rational fassbare dialektische Strukturen umzuwandeln", sodann aber auch die „philosophisch aufbereiteten Formen eines atheistischen Humanismus, die den Glauben als für die Entwicklung der vollen Rationalität schädlich und hinderlich darstellten" (Nr. 46). Wo philosophisch noch eine Abkehr vom christlichen Glauben bis hin zur Leugnung des Gottesglaubens überhaupt auszumachen ist, entsteht dann für den gesamtwissenschaftlichen Raum insofern ein Vakuum, als letztendlich der Abschied von jedem metaphysischen Denken konsequent war und selbst die moralischen Verhaltensweisen ihre allgemein gültige Begründung verloren. Das Gemeinte wird dann im Hinblick auf das positivistische Denken erläutert:

> Im Bereich der wissenschaftlichen Forschung setzte sich eine positivistische Denkweise durch, die sich nicht nur von jedem Bezug zur christlichen Weltanschauung entfernt, sondern auch und vor allem jeden Hinweis auf die metaphysische und moralische Sicht fallen gelassen hatte. Die Folge davon ist, dass bestimmte Wissenschaftler, die keinen sittlichen Anhaltspunkt haben, Gefahr laufen, dass nicht mehr der Mensch und die Ganzheit seines Lebens im Mittelpunkt steht. Mehr noch: Einige von ihnen scheinen in Kenntnis der dem technologischen Fortschritt innewohnenden Möglichkeiten außer der Logik des Marktes der Versuchung zu einer demiurgischen Macht über die Natur und über den Menschen selbst nachzugeben. (Ebd.)

Die Trennung der beiden Bereiche belastet nicht nur den Glaubensvollzug, sie führt zugleich zu einer veränderten Rolle der Philosophie, in gewissem Sinne zu ihrer Schrumpfung zu einem unter vielen Gebieten menschlichen Wissens. Philosophie wird zu einer Nebensächlichkeit, weil die Vernunft als „instrumentelle Vernunft" in den Dienst utilitaristischer Ziele, etwa Genuss und Machtausübung, genommen wird (vgl. Nr. 47). Das wahrhaft letzte Ziel und der Sinn des Lebens werden durch die Verabsolutierung partieller Ziele ersetzt. Welche Gefährdung das für den Menschen darstellt, hatte der Papst bereits in seiner ersten Enzyklika *Redemptor hominis,* Nr. 15, zum Ausdruck gebracht. Er wiederholt es hier:

> Der Mensch von heute scheint immer wieder von dem bedroht zu sein, was er selbst produziert, das heißt vom Ergebnis der Arbeit seines Verstandes *(mens)* und seiner Willensentscheidung. Die Früchte dieser vielgestaltigen Aktivität des Menschen sind nicht nur Gegenstand von „Entfremdung", weil sie demjenigen, der sie hervorgebracht hat, einfachhin genommen werden; allzu oft und nicht selten unvorhersehbar wenden sich diese Früchte, wenigstens teilweise, in einer konsequenten Folge von Wirkungen indirekt gegen den Menschen selbst. Sie sind tatsächlich gegen ihn gerichtet oder können es jederzeit sein. Hieraus scheint das wichtigste Kapitel des Dramas der heutigen menschlichen Existenz in seiner breitesten und universellen Dimension zu bestehen. Der Mensch lebt darum immer mehr in Angst. Er befürchtet, dass seine Produkte, natürlich nicht alle und auch nicht die Mehrzahl, aber doch einige und gerade jene, die ein beträchtliches Maß an Genialität und schöpferischer Kraft enthalten, sich in radikaler Weise gegen ihn selbst kehren können. (Nr. 47)

„Freimut des Glaubens und Kühnheit der Vernunft"

Das Kapitel IV schließt mit folgendem Aufruf:

> Nicht unangebracht mag ... mein entschlossener und eindringlicher Aufruf erscheinen, dass Glaube und Philosophie die tiefe Einheit wiedererlangen sollen, die sie dazu befähigt, unter gegenseitiger Achtung der Autonomie des anderen ihrem eigenen Wesen treu zu sein. Der *parrhesia* (Freimütigkeit) des Glaubens muss die Kühnheit der Vernunft entsprechen (*Fidei parrhesiae respondere debet rationis audacia*). (Nr. 48)

Der Feststellung, dass Glauben und Denken, Glaube und Vernunft aus dem dramatischen Bruch zwischen beiden verarmt und geschwächt hervorgehen, stellt der Papst die große Chance gegenüber, die beiden gegeben ist, wenn sie mit Freimut und Kühnheit den ihnen geschenkten Möglichkeiten entsprechen. Dabei ist zunächst darauf zu achten, dass die getrennten Wege von Philosophie und Glaube für die Philosophie nicht nur negativ zu sehen, für den Glauben aber eher schädlich sind. Auch heute wachsen der Philosophie wertvolle Denkansätze zu, z. B. „in den gründlichen Analysen über Wahrnehmung und Erfahrung, über die Summe der Arten, die irrationale Seite der Persönlichkeit und die Intersubjektivität, über Freiheit und Werte, über Zeit und Geschichte", auch in der Beschäftigung mit dem Thema Tod; leider führt die Enzyklika diese Beobachtungen nicht weiter aus, sie nennt auch keine Namen. Dagegen ist die Situation eines Glaubens, „der die Vernunft fehlt", sehr nüchtern einzuschätzen:

> Der Glaube, dem die Vernunft fehlt, hat Empfindung und Erfahrung betont und steht damit in Gefahr, kein universales Angebot mehr zu sein. Es ist illusorisch zu meinen, angesichts einer schwachen Vernunft besitze der Glaube größere Überzeugungskraft; im Gegenteil, er gerät in die ernsthafte Gefahr, auf Mythos bzw. Aberglauben verkürzt zu werden. In demselben Maß wird sich eine Vernunft, die keinen reifen Glauben vor sich hat, niemals veranlasst sehen, den Blick auf die Neuheit und Radikalität des „Seins" zu richten. (Ebd.)

In dieser kritischen Situation ruft der Papst nach dem Freimut des Glaubens und – gegen „eine schwache Vernunft" – nach der Kühnheit der Vernunft.[28] Das griechische Wort *parrhēsía* ist neutestamentlich aus der nachpfingstlichen Glaubensbezeugung bekannt. Wo in der Apostelge-

---

28 Vgl. hierzu *J. Ratzinger* (A. 24) 10; zur „schwachen Vernunft" vgl. später meine Ausführungen zu *G. Vattimo*.

schichte vom Freimut des Petrus, später des Paulus die Rede ist, stoßen wir freilich in der lateinischen Übersetzung auf verschiedene Begriffe:

- Kühnheit: 2,29: *metà parrhēsías* -> *audenter* = kühn (vgl. Eph 6,20)
- Festigkeit: 4,13: *parrhēsían* -> *constantiam* = Festigkeit (vgl. 13,46; 26,26)
- Zuversicht: 4,29: *metà parrhēsías* -> *cum omni fiducia* = mit vollem Vertrauen, voller Zuversicht (vgl. 14,3; 19,8; 28,31; so auch 2 Kor 3,12; Eph 6,19; 1 Thess 2,2)

Vielleicht spiegelt der Schlusssatz der Apostelgeschichte das Verständnis von *parrhēsía* am besten wider, wo sie von Paulus in seiner römischen Gefangenschaft ausgesagt wird und er sich gerade in dieser kritischen Situation den Freimut bewahrt:

> Er [Paulus] blieb volle zwei Jahre in seiner Mietwohnung und empfing alle, die zu ihm kamen. Er verkündete das Reich Gottes und trug ungehindert und mit allem Freimut die Lehre über Jesus Christus, den Herrn, vor. (28,30f.)

Zweierlei wird hier deutlich: Einmal ist Paulus als Gefangener in Rom, doch er verhält sich als freier Mensch. In der griechischen Klassik ist der Begriff ein politischer Begriff. „Freimut" beschreibt dabei die Haltung, mit der ein freier Mensch in der Öffentlichkeit auftritt und spricht: Er tut es mit „Offenheit", „Unerschrockenheit", „Festigkeit" und „Zuversicht". In der im Neuen Testament geschaffenen Situation aber wächst den gläubigen Menschen ein neues Bürgerrecht zu: Sie sind „nicht mehr Fremde ohne Bürgerrecht, sondern Mitbürger der Heiligen und Hausgenossen Gottes" (Eph 2,19). „Freimut" gründet hier in einer Überzeugung, bei der der Mensch sich nicht in sich selbst zurückzieht, sondern aus sich herausgeht und bemüht ist, so weit zu gehen, wie es ihm eben möglich ist. In diesem Sinne ist der Glaube immer auch die Einladung, sich der Wirklichkeit soweit zu öffnen, wie es eben geht.

Diese Haltung aber ist auch dem philosophisch denkenden Menschen möglich. Bei aller Erkenntnis von Grenzen, bei aller Einladung, die gesetzten Grenzen zu respektieren, ist doch zugleich zu fragen, wo diese Grenzen wirklich liegen. Die „Kühnheit der Vernunft" schließt denn folglich auch die Frage ein, ob nicht zu schnell Grenzen eigenmächtig und vielleicht auch zu ängstlich gezogen werden. Die Frage richtet sich dann freilich auch an die Kirche, ob sie nicht ihrerseits zu oft und zu schnell Grenzen gezogen hat, die sich nachträglich nicht als sach- und sinngerecht erwiesen haben. Das wiederum hat zur Folge, dass Einladungen wie die zu Freimut des Glaubens und Kühnheit der Vernunft von vielen Zeitgenossen eher ungläubig vernommen werden. Dennoch sollten Gläubige und Ungläubige sich heute für diese Einladung öffnen und sich dabei von der Vermutung leiten lassen, dass auch die Kirche selbst sich hier in einem Lernprozess befindet.

Wenn im folgenden Kapitel in der deutschen Übersetzung von „Wortmeldungen des Lehramtes" die Rede ist, könnte dieses ungewohnte Wort zumindest der Intention nach als ein Beitrag zu einem neuen Argumentationsstil und einem neuen Umgang mit Andersdenkenden verstanden werden. Damit aber sollten es dann auch die kirchlichen Gesprächspartner wirklich einmal versuchen. Gesprächsbereitschaft hat für alle Beteiligten ihren Preis.

Wortmeldungen des kirchlichen Lehramts

Lateinisch lautet die Überschrift des Kapitels V „*De re philosophica magisterii iudicia*", also etwa: „Urteile des Lehramtes in Sachen der Philosophie". Die deutsche Wortwahl erscheint demgegenüber ausgesprochen geistreich, auch wenn sie sich von der lateinischen Formulierung her nicht unbedingt aufdrängt. Dennoch ist sie sinnvoll, wenn man den Begriff „Urteil" nicht als *abschließendes* Urteil, sondern eher als Beitrag zum Gespräch zwischen Glaube und Vernunft, in diesem Sinne als „Wortmeldung" versteht. Dass eine „Wortmeldung" für den, der sie vorträgt, durchaus einen verbindlichen Charakter an sich trägt oder doch tragen kann, widerspricht nicht der anderen Feststellung, dass eine „Wortmeldung" sich als offen, das heißt als bedenkenswerten Beitrag zur Diskussion eines Sachverhalts versteht. Die anderen Teilnehmer am Gespräch haben damit die Chance der eigenen Stellungnahme, stehen nicht unter Druck, sondern sind nur eingeladen, die Frage der Wahrheit so ernst zu nehmen, wie es die Kirche ihrerseits zu tun vorgibt.
Walter Kasper vergleicht die deutsche Formulierung mit der italienischen und trifft dort auf den Begriff „*intervento*", in der wörtlichen Übersetzung so viel wie das „Dazwischenkommen", „Dazwischentreten", „Dazwischenfahren".[29] Entsprechend bedeutet ihm der Begriff mehr „als eine Intervention im Sinne einer harmlosen Wortmeldung innerhalb einer Disputation"; er reicht vielmehr in seiner Bedeutungsbreite „vom chirurgischen Eingriff bis zum politischen und militärischen Einschreiten". „*Intervento*" ist somit ein Begriff voller Dramatik, so verstanden freilich auch nicht frei von einer gewissen Aggressivität. Das wiederum sollte man nicht übersehen, wenn man ihn auf diese Weise in das Gespräch von Philosophie und Kirche einführt. Der Begriff ist jedenfalls in seinen unterschiedlichen Nuancierungen wahrzunehmen.
Nun hat sich aber die entscheidende Wahrheitsinstanz der katholischen Kirche, als die sich das kirchliche Lehramt versteht, im Laufe der Geschichte durch ihr Verhalten Andersdenkenden gegenüber oft genug in Misskredit gebracht. Infolgedessen zieht es bis auf den heutigen Tag immer wieder Misstrauen auf sich. Das macht es sinnvoll, von ihm selbst zu

---

[29] Vgl. *W. Kasper*, „Interventionen" des Lehramtes im Bereich der Philosophie: *L'Osservatore Romano* (deutsche Wochenausgabe) vom 11. Dezember 1998; italienisch in: Per una lettura (A. 1) 112-118.

sprechen. Von ihm her lassen sich dann auch das heutige Interesse der Kirche an der Philosophie, aber auch die Sorge um sie begründen.

Im Dienste der Wahrheit

Nicht selbstverständlich ist der Eingangssatz des Kapitels V:

> Die Kirche legt weder eine eigene Philosophie vor, noch gibt sie irgendeiner besonderen Philosophie auf Kosten der anderen den Vorzug. (Nr. 49; vgl. auch Nr. 64)

Der Satz verdient auch da noch beachtet zu werden, wo der Papst im späteren Verlauf des Kapitels erneut an die Bedeutung des Thomas von Aquin erinnert (vgl. Nr. 57ff.). Der erste Teil der Überlegung des Kapitels V ist im lateinischen Text überschrieben: *„Magisterii prudens discretio uti veritati praestitum officium"*, „die von der Klugheit geleitete Unterscheidung des Lehramtes als Dienst an der Wahrheit". Damit lenkt die Enzyklika den Blick auf die Kriteriologie der Unterscheidung. Hier ist mehreres zu beachten:

(1) Die Kirche darf sich nicht dadurch ghettoisieren, dass sie gleichsam an der Welt vorbei ihre eigene Philosophie entwickelt. Sie nimmt vielmehr selbst teil an dem, was sich in der Welt ereignet, und an den Mitteln, die der Welt als Schöpfung Gottes zur Verfügung stehen. Sie partizipiert damit zugleich an der Endlichkeit der geschöpflichen Welt. Die Enzyklika spricht auffallenderweise von *„temperantia"*, „Zurückhaltung".

(2) Daraus folgt nochmals zweierlei: Die Kirche erkennt der Philosophie eine ihr eigene Eigenständigkeit zu, eigene Prinzipien, Regeln und Methoden, und erinnert zugleich an den allen Bereichen der Welt gemeinsamen Auftrag, sich der Wahrheit verpflichtet zu wissen.

(3) Der Konflikt entsteht, wo beide Seiten – Lehrautorität der Kirche und Philosophie – den ihnen eigenen Aufgaben nicht nachkommen und die ihnen gesetzten Grenzen überschreiten. Hier nun spricht der Papst vordergründig mehr von den „Abwegen" und „Verirrungen" des philosophischen Denkens als auch vom tatsächlichen Versagen der Kirche. Den historisch benennbaren „Irrtümern" im Feld der Philosophie stellt er kirchlicherseits lediglich die prinzipiell zu fordernde „Zurückhaltung" bzw. die Beachtung der Grenzen eigener Zuständigkeit gegenüber:

> Es ist weder Aufgabe noch Zuständigkeit des Lehramtes einzugreifen, um die Lücke eines fehlenden philosophischen Diskurses auszufüllen. Seine Pflicht ist es hingegen, klar und entschieden zu reagieren, wenn fragwürdige philosophische Auffassungen das richtige Verständnis des Geoffenbarten bedrohen und wenn falsche und parteiische Theorien verbreitet werden, die dadurch, dass sie die Schlichtheit und Reinheit des Glaubens des Gottesvolkes verwirren, schwerwiegende Irrtümer hervorrufen. (Nr. 49)

Was klar ist: Die Kirche möchte selbst als Teilnehmer im Diskurs dieser Welt verstanden und angenommen werden. Dabei erwächst der kirchliche Beitrag nicht aus der aktiven Vernunfterkenntnis, sondern aus dem, was theologisch mit „Offenbarung" bezeichnet wird, die dann freilich in ihrer geschichtlichen Vermittlung sich derselben Vehikel bedient, die dem Menschen zur Verfügung stehen: seine Sprachen und Verhaltensweisen. Wo das nicht deutlich ausgesprochen wird, kann es schnell zu Differenzen kommen, die die keimende Pflanze „Diskurs" gleich in ihrem Beginn ersticken. Denn angesichts der wachsenden Distanz zwischen Kirche und Welt in der fortschreitenden Neuzeit ist zu beachten, dass immer dann das Misstrauen gegenüber der Kirche und ihrem Lehramt wächst, wenn diese den Ruf nach Wahrheit in einer eher binnenkirchlichen Sprache vorträgt und mit binnenkirchlichen Motivationen und „Interessen" Widerspruch und Ablehnung provoziert. Gerade weil es aus heutiger Sicht der Geschichte nicht nur verkürzte Sichtweisen innerhalb der Philosophie gibt, sondern umgekehrt auch die kirchliche Lehrautorität manches Mal Gegenpositionen in ihren wahren Intentionen verkannt hat und damit zu Fehlurteilen und Fehlentscheidungen gelangt ist, wäre ein etwas selbstkritischerer Tonfall gerade in den nachfolgenden Ausführungen hilfreich gewesen.[30] Unter dieser Rücksicht sind auch die weiteren Feststellungen zur „kritischen Unterscheidungskraft" (*iudicium criticum*) des kirchlichen Lehramtes (Nr. 50) zu bedenken.

---

[30] Wir erinnern beispielhaft an die Reflexionen in der Geschichte der Häresien, an die Beurteilungen des Nestorius, des Jan Hus, auch Martin Luthers, an den Umgang mit den so genannten Modernisten oder auch den Theologen der Nouvelle Théologie vor und nach dem letzten Konzil, an die Exkommunikation Tissa Balasuriyas und deren baldige Zurücknahme. Ein Beispiel für Unverständnis bietet auch die „Prüfung" des neuen Buches von J. Dupuis; vgl. dazu meinen Aufsatz: „Unterwegs zu einer christlichen Theologie des religiösen Pluralismus. Anmerkungen zum „Fall Dupuis": *Stimmen der Zeit* 124 (Sept. 1999) 597-610.

Im Folgenden geht es vor allem um vier Punkte inhaltlicher und formaler Art:

(1) Vereinbarkeit bzw. Unvereinbarkeit philosophischer Grundansätze mit den Themen „Gott, Mensch, seine Freiheit und sein sittliches Handeln", wie sie im Lichte der geoffenbarten Wahrheit gesehen werden (Nr. 50): Niemand wird von der Kirche erwarten können, dass sie beim Eintritt in einen Dialog auf ihre Prinzipien und Grundlagen verzichtet. Genau das erwartet umgekehrt auch die Kirche nicht von denen, mit denen sie in ein Gespräch eintritt. Nur sollten schon die Voraussetzungen geprüft werden, von denen aus sich ein Dialog ergibt, von welchen nicht.

(2) Anregung und Ermutigung philosophischen Denkens, bei aller Begrenztheit menschlichen Denkens die Ausrichtung auf die eine Wahrheit nicht aus dem Auge zu verlieren: Tatsache ist, dass da, wo die Einheit der Wahrheit geleugnet wird, sich ganz neu die Frage menschlicher Kommunikation und Kooperation stellt. Hier leugnet die Enzyklika für die heutige Zeit nicht die Schwierigkeit der Aufgabe, die sich stellt, ja sie sagt ausdrücklich, dass die Unterscheidung zwischen Gültigem und Falschem an Gewissheit verliert:

> In der heutigen Zeit ist angesichts der Vermehrung der oft äußerst detailliert konzipierten philosophischen Systeme, Methoden, Begriffe und Argumente eine kritische Unterscheidung im Lichte des Glaubens mit umso größerer Dringlichkeit angesagt: eine keineswegs einfache Unterscheidung, denn wenn schon das Erkennen der angeborenen und unveräußerlichen Fähigkeiten der Vernunft mit ihren konstitutiven, historischen Grenzen mühsam ist, so kann es sich manchmal als noch problematischer erweisen (*multo incertius interdum erit iudicium discernendi*), in den einzelnen philosophischen Vorgaben das, was sie vom Glaubensstandpunkt aus an Gültigem und Fruchtbarem bieten, von dem zu unterscheiden, was sich bei ihnen als irrig oder gefährlich herausstellt. (Nr. 51)

(3) Historische Reflexionen: Die prinzipiellen Überlegungen zur Aufgabe des kirchlichen Lehramtes werden sodann historisch fortgesetzt. Zunächst werden historische Beispiele inhaltlicher Art genannt: aus der kirchlichen Frühzeit die Einsprüche gegen die Präexistenz der Seelen, gegen Götzendienst und eine abergläubische Esoterik – aus der Zeit des 1. Vatikanischen Konzils die Verurteilung des Fideismus bzw. Anti-Intellektualismus und des radikalen Traditionalismus einerseits, des Rationalismus und Ontologismus andererseits (Nr. 52).³¹ Das genannte Konzil selbst bestand gegenüber den auseinander strebenden Tendenzen im neuzeitlichen Spannungsfeld von Kirche und Philosophie, Glaube und Denken auf der notwendigen Eigenständigkeit und Zusammengehörigkeit von Glaube und Vernunft, naturgegebener Gotteserkenntnis und geschichtlicher Gottesoffenbarung (Nr. 53). Für die Folgezeit, zumal für unser Jahrhundert, erinnert die Enzyklika an die wiederholten Einsprüche seit der Zeit des Modernismus: Einsprüche gegen rein phänomenalistische, agnostische und immanentistische Tendenzen, sodann gegen den atheistischen Marxismus, später gegen die Einseitigkeiten in Evolutionismus, Existenzialismus und Historizismus (Nr. 54) (zu alldem erneut Nr. 82, 86-90). In diesem Abschnitt wiederholt der Papst auch eine Mahnung an die „katholischen Theologen und Philosophen", die bereits Pius XII. (1876-1958) in der Enzyklika *Humani generis* vom 12. August 1950 ausgesprochen hat und die Johannes Paul II. später eher noch vertieft:

> „Nun sollen aber die katholischen Theologen und Philosophen ... diese mehr oder weniger vom rechten Weg abirrenden Auffassungen weder ignorieren noch unbeachtet lassen. Ja, sie sollen diese Auffassungen sogar gründlich kennen, weil Krankheiten nicht angemessen geheilt werden können, wenn sie nicht vorher richtig erkannt wurden, als auch, weil manchmal selbst in falschen Ansichten ein Körnchen Wahrheit verborgen liegt, als auch schließlich, weil diese den Geist herausfordern, bestimmte Wahrheiten, sowohl philosophische als auch theologische, genauer zu durchforschen und zu untersuchen." (AAS 42 [1950] 563f.; Nr. 54)

Für die heutige Situation konstatiert der Papst einerseits die Rückkehr alter Einsprüche gegen den Glauben, das Auftreten von Rationalismus ebenso wie von Fideismus, andererseits aber die Verbreitung der zuvor schon genannten Überzeugung von einem berechtigten Misstrauen gegen die Vernunft in der gesamten menschlichen Gesellschaft, verbunden mit der These vom „Ende der Metaphysik" und der Forderung, „dass sich die Philosophie mit bescheideneren Aufgaben begnügt, sich also nur der Erklärung des Tatsächlichen oder der Erforschung nur bestimmter

---

31 Vgl. zu den konkreten Positionen *H. J. Pottmeyer,* Der Glaube vor dem Anspruch der Wissenschaft. Freiburg u. a. 1968; *ders.,* Die Konstitution „Dei Filius" zwischen Abwehr und Rezeption der Moderne: *G. Riße / H. Sonnemans / B. Theß* (Hg.), Wege der Theologie: an der Schwelle zum dritten Jahrtausend (= FS H. Waldenfels). Paderborn 1996, 73-86; auch die Verweise in *H. Waldenfels,* Einführung (A. 9) 138-141.

Gebiete des menschlichen Wissens oder seiner Strukturen widmet" (Nr. 55).

(4) Leidenschaft für die letzte Wahrheit: Bei allem Verständnis für die Schwierigkeiten unserer Zeit und die damit gegebene Tendenz, sich mit *„tenuiora munera"* (Nr. 55), „leichteren, bescheideneren Aufgaben", bzw. mit *„metae mediocres"* (Nr. 56), „mittelmäßigen Zielen", zufriedenzugeben, appelliert der Papst an die Philosophie, die „Leidenschaft für die letzte Wahrheit" nicht zu verlieren. Für ihn ist die Wahrheit mehr als das Ergebnis eines Konsenses; es geht ihm um die Anpassung des Verstandes an die objektive Realität:

> Ich kann ... nicht umhin, im Lichte des Glaubens, der in Jesus Christus diesen letzten Sinn erkennt, die christlichen wie auch nichtchristlichen Philosophen zu ermutigen, in die Fähigkeit der menschlichen Vernunft zu vertrauen und sich bei ihrem Philosophieren nicht zu bescheidene Ziele zu setzen. Die Lehre der Geschichte dieses nunmehr zu Ende gehenden Jahrtausends zeugt davon, dass das der Weg ist, der eingeschlagen werden soll: Die Leidenschaft für die letzte Wahrheit (*veritatis ultimae cupido*) und der Wunsch, sie zu suchen, verbunden mit der Kühnheit (*audacia*) zur Entdeckung neuer Wege, dürfen nicht verloren gehen! Es ist der Glaube, der die *ratio* dazu herausfordert, aus jedweder Isolation herauszutreten und für alles, was schön, gut und wahr ist, etwas zu riskieren. So wird der Glaube zum überzeugten und überzeugenden Anwalt der *ratio*. (Nr. 56)

Interesse und Sorge

Es gehört zu den allgemeinen Beobachtungen, dass da, wo von kritischer Unterscheidung die Rede ist, ein gewisser negativer Tonfall überwiegt. Dieser ist auch in diesem Kapitel der Enzyklika nicht zu überhören. Die Abwehr von Fehlentwicklungen und Abweichungen im Sinne des christlichen Glaubensverständnisses und dessen Blockierung stehen zunächst im Vordergrund. Von da aus bietet es sich an, demgegenüber erneut zu betonen, dass das Lehramt positiv an einer Erneuerung des philosophischen Denkens interessiert ist und auch bislang schon bemüht war, einzuschlagende Wege aufzuzeigen (vgl. Nr. 57).

(1) Beispiel Thomas von Aquin: Freilich verhindert auch hier der historische Hinweis auf die bis in die Zeit des 2. Vatikanischen Konzils einflussreiche Enzyklika *Aeterni Patris* Leos XIII. (1810-1903) vom 4. August 1879 und die Konzentration auf die Bedeutung des großen Thomas von Aquin eher die Unbefangenheit der heute anzusprechenden Gesprächspartner in der Welt. Das ist umso bedauerlicher, als diese bereits durch die Erinnerung an die Sanktionen getrübt ist, die die kirchliche Autorität immer wieder gegen die Vertreter der zuvor genannten Abweichungen verhängt hat. „Wortmeldungen" erfordern einen wechselseitigen Respekt der Gesprächspartner voreinander – selbst in der Situation des Irrtums. Hier ist aber das Klima leider doch stärker belastet, wenn nicht vergiftet, als es das päpstliche Dokument zu verstehen gibt.

Hinzu kommt, dass bei allem Respekt vor dem Urteil Leos XIII. führende Neuscholastiker von Anfang an die Einstufung des thomanischen Denkwegs als des „besten Weges (*optima semita*), mit der Philosophie wieder so umzugehen, dass sie mit den Ansprüchen des Glaubens übereinstimmt" (Nr. 57), dadurch relativiert haben, dass sie zumal Bonaventura und andere Größen ihm an die Seite gesetzt haben. Sodann führte die Beachtung des nachmittelalterlichen Risses zwischen Theologie und Spiritualität, Theologie und Mystik dahin, dass sich das Interesse an der mittelalterlichen Theologie auf die Vertreter der dominikanischen und franziskanischen, später der karmelitanischen und jesuitischen Mystik ausgeweitet hat. Im Übrigen darf auch nicht vergessen werden, dass auch Thomas von Aquin sich zunächst Verdächtigungen ausgesetzt sah und sich in seinem Denkverfahren gegen Widerstände durchsetzen musste. Gerade das aber macht ihn zu jenem Denker des Weges, als den ihn die Enzyklika zuvor unter dem Stichwort „bleibende Neuheit" (vgl. Nr. 43f., nochmals Nr. 78) beschrieben hatte. Dort war der Glaube selbst im Anschluss an Thomas von Aquin als eine „Denkübung" angesprochen worden. In der Tat hat sich Thomas in seinem konsequenten Suchen nach Lösungen und Antworten auf Fragen, die sich stellten, kaum von jemandem übertreffen lassen.

(2) **Verfall des philosophischen Denkens:** Für die Zeit nach dem 2. Vatikanischen Konzil beklagt der Papst aber dann einen deutlichen Verfall des philosophischen Denkens im katholischen Raum bis hin zur Theologie. Das wiederum ist der Grund dafür, dass er abschließend auf das Verhältnis von Philosophie und Theologie ausführlicher zu sprechen kommt:

In vielen katholischen Schulen war in den Jahren unmittelbar nach dem 2. Vatikanischen Konzil ... ein gewisser Verfall zu beobachten, der einer geringeren Wertschätzung nicht nur der scholastischen Philosophie, sondern allgemeiner des Studiums der Philosophie überhaupt zuzuschreiben ist. Mit Verwunderung und Bedauern muss ich feststellen (*mirantes ac dolentes animadvertimus*), dass nicht wenige Theologen diese Gleichgültigkeit (*negligentia*) gegenüber dem Studium der Philosophie teilen. (Nr. 61)

(3) Gründe für die Gleichgültigkeit gegenüber der Philosophie: Hier nennt die Enzyklika nun noch einmal die Gründe, die offensichtlich für diese Nachlässigkeit und Gleichgültigkeit – die Enzyklika spricht von einer „*aliena huic voluntas*", die deutsche Übersetzung schlicht von „Abneigung" – maßgeblich waren. Es sind zunächst keine anderen als die, die Theologen als Menschen ihrer Zeit mit den in der Öffentlichkeit verbreiteten Meinungen teilen: „an erster Stelle" das Misstrauen gegen die Vernunft (*diffidentia de ratione*) und der Verzicht auf die metaphysische Erforschung der letzten Fragen des Menschen, sodann die Konzentration auf Teil- und Regionalbereiche des Denkens, oft auch auf rein formale Probleme, ferner die Ersetzung der Philosophie durch die humanwissenschaftliche Forschung.

Zusätzlich wird aber dann in einer Zeit des wachsenden Pluralismus auf die Hinwendung zur ethnisch-kulturellen Pluralität zumal in den Ländern der jungen Kirchen verwiesen. Dabei kommt es einmal zur Entdeckung der in den Völkern vorhandenen Volksweisheit (*popularis sapientia*). Doch werden diese „Volksweisheiten" bei der Bemühung um die Inkulturation des Glaubens oft eher unphilosophisch, d. h. genauer: ohne kritische Unterscheidungen übernommen. Entsprechend heißt es in der Enzyklika:

> Endlich darf man das wieder entdeckte Interesse für die Inkulturation des Glaubens nicht vergessen. Besonders das Leben der jungen Kirchen bot Gelegenheit, neben gehobenen Denkformen das Vorhandensein vielfältiger Ausdrucksformen der Volksweisheit zu entdecken, die ein wirkliches Erbe an Kulturen und Traditionen darstellen. Die Untersuchung dieser überlieferten Bräuche muss jedoch im Gleichschritt mit der philosophischen Forschung einhergehen. Diese erst wird es ermöglichen, die positiven Züge der Volksweisheit hervortreten zu lassen, indem die notwendige Verbindung mit der Verkündigung des Evangeliums hergestellt wird. (Nr. 61)

Damit reduzieren sich die Gründe für die auch in der Theologie und der

Theologenausbildung verbreitete Gleichgültigkeit im Wesentlichen auf zwei Aspekte: einmal auf die mangelnde Beachtung des modernen Denkens und der modernen Kultur und sodann auf die mangelnde Befassung mit den Herausforderungen des heutigen Pluralismus, die zu einem mangelhaften Verhalten im heute geforderten Dialog führt. Wie stark einmal der im Raum des abendländischen Christentums gewachsene Beitrag gewirkt hat, verdeutlicht der Papst mit der Erinnerung daran, dass die *Disputationes metaphysicae* des Franz Suárez (1548-1617) zu ihrer Zeit ihren Einfluss selbst auf die theologischen Ausbildungsgänge deutscher lutherischer Universitäten ausgeübt haben.

> Der Verlust dieser Methode war hingegen Ursache schwerwiegender Mängel sowohl in der Priesterausbildung als auch in der theologischen Forschung. Man denke an die Gleichgültigkeit dem modernen Denken und der modernen Kultur gegenüber (*cogitationis et hodiernae culturae indiligentia*), die dazu geführt hat, sich jeder Form von Dialog zu verschließen (*ut omnes dialogi formae tollerentur*) oder aber jede Philosophie unterschiedslos (*sine iudicio*) anzunehmen. (Nr. 62)

Theologie und Philosophie: ein Wechselspiel

Im Kapitel VI thematisiert die Enzyklika erneut die Wechselwirkung von Theologie und Philosophie bzw. die Zirkularität von Glauben und Denken, von der zuvor schon die Rede war. Dabei steht freilich zunächst das theologische Interesse an der Philosophie im Vordergrund. So wird im Blick auf die theologischen Fächer die Bedeutung der philosophischen Reflexion konkretisiert. Ohne dass dieses durch eine eigene Zwischenüberschrift markiert wäre, befasst sich das Kapitel ausführlich mit der zuvor angedeuteten Problematik der Inkulturation. Schließlich öffnet sich am Ende dieses Kapitels der Horizont der Philosophie unter Aspekten, die so zuvor nicht zur Sprache gebracht wurden.

„Wechselspiel"

(1) **Grundlegende Thesen zur Theologie:** Thesenhaft werden zunächst einige Grundsätze und Prinzipien zur Theologie formuliert:[32]
- Das Wort Gottes richtet sich an jeden Menschen, zu jeder Zeit und an jedem Ort der Erde (Nr. 64).
- Der Mensch ist von Natur aus Philosoph (ebd.).
- Die Theologie ist die durchdachte wissenschaftliche Erarbeitung des Verständnisses dieses Wortes im Lichte des Glaubens (*repercussa et scientifica elaboratio intellectus huius verbi sub fidei lumine*).
- Als Glaubenswissenschaft kann die Theologie sowohl für manche ihrer Verfahrensweisen wie auch für die Erfüllung bestimmter Aufgaben nicht darauf verzichten, mit den Philosophien (*philosophicae scholae*) in Beziehung zu treten, die im Laufe der Geschichte tatsächlich ausgearbeitet worden sind (ebd.).
- Die Theologie konstituiert sich als Glaubenswissenschaft im Lichte eines methodischen Doppelprinzips: dem *auditus fidei* (= Hören bzw. Vernehmen des Glaubens; vgl. dazu zuvor Nr. 7) und dem *intellectus fidei* (= Verstehen des Glaubens; vgl. dazu Nr. 42) (Nr. 65).
- Durch den *auditus fidei* gelangt die Theologie in den Besitz der Offenbarungsinhalte (*Revelationis depositum*), wie sie in der Heiligen

---

[32] Die folgenden Thesen sind bis auf geringfügige Stellen fast durchweg Zitate aus den angegebenen Nummern.

Überlieferung, in der Heiligen Schrift und im lebendigen Lehramt der Kirche fortschreitend ausgefaltet worden sind (vgl. *Dei Verbum* Nr. 10; ebd.).
- Mit dem *intellectus fidei* will die Theologie den Anforderungen des Denkens durch die spekulative Reflexion entsprechen (ebd.).
- Der *intellectus fidei* legt die göttliche Wahrheit, „die uns in den von der Lehre der Kirche richtig ausgelegten Heiligen Schriften vorgelegt wird" (Thomas v. A., *Summa theologiae* II-II, 5, 3 ad 2), aus, indem er nicht nur die logischen und begrifflichen Strukturen der Aussagen aufnimmt, in denen sich die Lehre der Kirche artikuliert, sondern auch und vorrangig die Heilsbedeutung sichtbar werden lässt, die diese Aussagen für den Einzelnen und die Menschheit enthalten (Nr. 66).
- Von der Gesamtheit dieser Aussagen gelangt der Glaubende zur Kenntnis der Heilsgeschichte, die in der Person Jesu Christi und in seinem Ostergeheimnis ihren Höhepunkt hat (ebd.).
- Durch seine Zustimmung aus dem Glauben hat der Glaubende an diesem Geheimnis teil (ebd.).

(2) Die bleibende Aufgabe: Die Thesen führen erneut zur Einsicht, dass die sich stellende Aufgabe nur im Wechselspiel von Theologie und Philosophie zu lösen ist. Denn es gilt:
(a) Die christliche Botschaft sucht in jedem Menschen, zu jeder Zeit und an jedem Ort ihren Adressaten, fordert somit für sich Allgemeinverständlichkeit und Allgemeingültigkeit; diesen universalen Anspruch spricht die Enzyklika auf eigene Weise der Philosophie zu.
(b) Beides – Allgemeinverständlichkeit wie Allgemeingültigkeit – wird jedoch reklamiert in der Relativität und Endlichkeit menschlicher Existenzbedingungen.
(c) Insofern als auch die Philosophie sich mit den relativ beschränkten, ihr zur Verfügung stehenden Mitteln ihren Aufgaben widmet, stehen Philosophie und Theologie gemeinsam vor der Aufgabe, den universalen Anspruch unter den in Sprache, Verhalten, Geschichte, Gesellschaft und Kultur gegebenen Bedingungen der Endlichkeit zu formulieren und weiterzugeben.
(d) Weil sich aber die Endlichkeit zugleich in Vielfalt und Fragmenten zeigt, ist die Offenheit für Unendlichkeit immer neu in diesem Rahmen und unter diesen Bedingungen zu klären, vor allem aber die Sinnhaftigkeit und die Notwendigkeit des Ausgriffs nach dem Unendlichen zu begründen.

Warum aber sollte es Philosophie und Theologie nicht gemeinsam gelingen, auch heute der Menschheit auf diesem Wege zu helfen? Das und nichts anderes ist die Grundfrage der vorliegenden Enzyklika.

(3) Philosophie und theologische Disziplinen: Wenn in der Bemühung, das Dilemma von Universalität und Partikularität, Grenzenlosigkeit und Begrenztheit zu überwinden, für die Theologie nur die Partnerschaft zwischen ihr und der Philosophie bleibt, so fragt es sich aber dann, wieweit Philosophen ihrerseits noch an der Ermöglichung des allgemein Gültigen interessiert sind und sich um sie bemühen bzw. ob sie nicht selbst inzwischen weithin im Misstrauen gegenüber der Kraft der Vernunft resignieren.
Auch dann ergibt sich aber aus der Vorlage der theologischen Prinzipien als erste Konsequenz die Frage nach der Rolle der Philosophie in den theologischen Fächern. Hier fällt nun auf, dass in diesem Kontext zwar im Hinblick auf den *intellectus fidei* drei *systematische* Fächer genannt werden, nämlich die dogmatische Theologie – in Nr. 66 –, die Fundamentaltheologie – in Nr. 67 – und die Moraltheologie – in Nr. 68 –, im Hinblick auf den *auditus fidei* in Nr. 65 aber keines jener Fächer zur Sprache kommt, die sich in besonderer Weise dem Vernehmen des Glaubensinhalts widmen; konsequenterweise hätte es hier ansatzhaft doch zu entsprechenden Aussagen im Hinblick auf die *exegetischen* und *historischen* Fächer kommen müssen.[33] Hier ist im Übrigen vorweg anzumerken, dass drei Fächer – die dogmatische Theologie, die Moraltheologie und dann die Katechese – in anderem Zusammenhang erneut zur Sprache gebracht werden (vgl. Nr. 97-99).

(a) Theologischer Positivismus?: Freilich hatte die Enzyklika bereits in Kapitel V Nr. 55 davon gesprochen, dass es in der heutigen Zeit nicht an gefährlichen Rückfällen in den Fideismus fehle, „der die Bedeutung der Vernunfterkenntnis und der philosophischen Debatte für die Glaubens-

---

[33] Diese Beobachtung bleibt auch dann berechtigt, wenn man dagegenhält, dass es anderweitig, etwa in Nr. 55 oder 94, durchaus Anmerkungen zur Sache gibt. Wie wichtig *J. Ratzinger* die Frage der heutigen Exegese ist, lässt sich bei ihm u. a. nachlesen in seinem Aufsatz: Zur Lage von Glaube und Theologie heute: *Internationale katholische Zeitschrift Communio* (= *IkZ*) 25 (1996) 359-372, bes. 367-369. Der Abschnitt endet mit dem Satz: „Um einen solchen neuen dialogischen Umgang von Glaube und Philosophie müssen wir uns mühen, denn beide brauchen einander. Die Vernunft wird ohne den Glauben nicht heil, aber der Glaube wird ohne die Vernunft nicht menschlich."

einsicht, ja für die Möglichkeit, überhaupt an Gott zu glauben, nicht anerkennt". In diesem Zusammenhang ist die Rede vom „Biblizismus", „dessen Bestreben dahin geht, aus der Lesung der Heiligen Schrift bzw. ihrer Auslegung den einzigen glaubhaften Bezugspunkt zu machen". Das wiederum führt dahin, dass man entgegen der in *Dei Verbum* Nr. 9f. und 21 vorgetragenen Lehre „das Wort Gottes einzig und allein mit der Heiligen Schrift identifiziert", ohne den Prozess der Überlieferung zu beachten, obwohl doch gerade dieser Prozess es ist, der das Wort Gottes immer neu gegenwärtig sein lässt.

Es ist sodann die Rede von der Gefahr, „die der Absicht innewohnt, die Wahrheit der Heiligen Schrift von der Anwendung einer einzigen Methode abzuleiten, und dabei die Notwendigkeit einer Exegese im weiteren Sinne außer Acht lässt, die es erlaubt, zusammen mit der ganzen Kirche zum vollen Sinn der Texte zu gelangen". Leider wird „die einzige Methode", die gemeint ist, hier nicht weiter beschrieben. Der folgende Hinweis, „dass auch den verschiedenen hermeneutischen Methoden eine philosophische Auffassung zugrunde liegt", die es zu suchen und zu prüfen gilt, führt aber zum Schluss, dass die gemeinte Methode wie auch die sonst verwendeten Methoden eher positivistischer Art sind.[34]

Tatsache ist, dass im Laufe dieses Jahrhunderts mehrfach darüber geklagt werden musste, dass sich in der Exegese eine Vielfalt aus anderen Partikularwissenschaften geborgter Methoden breit machte, die die eigentlich theologische Bewertung und Übertragung der Texte den systematischen Fächern überließ. Das hatte zur Folge, dass sich die Exegese je auf ihre Weise mehr den Geschichts-, Literatur- und Religionswissenschaften näherte und sich auf diesem Wege auch die Frage nach dem Verhältnis von Religionswissenschaft und Theologie neu stellte. Die Frage ist schon deshalb konsequent, weil sich etwa in Deutschland mit seinen exegetischen Impulsen, die sich in diesem Jahrhundert nicht zuletzt über die protestantische Exegese Bahn brachen, auch die Religionswissenschaften nicht unwesentlich aus der evangelischen Theologie emanzipierten und zu einer eigenen Wissenschaft entwickelten.

Im selben Zusammenhang der Nr. 55 spricht der Papst auch bereits über das „geringe Ansehen, das der spekulativen Theologie entgegengebracht wird", sodann von der „Geringschätzung für die klassische Philosophie", vom „Aufgeben der überlieferten Terminologien".

---

[34] Zum heutigen exegetischen Verfahren vgl. u. a. *T. Söding*, Wege der Schriftauslegung. Methodenbuch zum Neuen Testament. Freiburg u. a. 1998.

Was für die Exegese der Heiligen Schriften gilt, die heute sehr gut eine Einübung in den Umgang mit pluralistischen Standpunkten und Denkmöglichkeiten genannt werden kann,[35] hat auch seine Bedeutung für die Kirchen-, zumal die Dogmen- und Theologiegeschichte, in der die Lehr*entwicklung* in den letzten Jahrzehnten immer mehr zu einem zentralen Problem geworden ist (vgl. Nr. 65). Dabei wurde deutlich, dass in dieser Entwicklung der Einfluss sich ändernder philosophischer Denkweisen einen hohen Stellenwert einnahm.

(b) Zur Brückenfunktion der Fundamentaltheologie: Insofern als die lebendige Lehrentwicklung den *intellectus fidei* betrifft, dieser aber sein wichtigstes Reflexionsfeld in der systematischen Theologie besitzt, widmet sich der hier zu bedenkende Text der Enzyklika vor allem Kernfächern dieser systematischen Theologie. Dabei gilt die besondere Aufmerksamkeit der Fundamentaltheologie, die schon von ihrer Aufgabenstellung her – Rechenschaft über den Grund der Hoffnung zu geben – die Christen beseelt (vgl. *1 Petr* 3,15) und damit der Brückenfunktion, die sie zwischen dem Adressaten der Glaubensverkündigung und dieser selbst einnimmt.

Das besondere Interesse des Papstes zeigt sich schon darin, dass er – über die Anknüpfung an das 1. Vatikanische Konzil und seine Aussagen zum Verhältnis von Glaube und *ratio* hinaus – seine eigenen Überlegungen in Erinnerung bringt, die er anlässlich des internationalen Kongresses zum 125. Jahrestag der Veröffentlichung von *Dei Filius* am 30. September 1995 in Rom eingebracht hat:

> „Die Erforschung der Bedingungen, unter denen der Mensch von sich aus die ersten grundlegenden Fragen stellt nach dem Sinn des Lebens, nach dem Ziel, das er ihm geben will, und nach dem, was ihn nach dem Tod erwartet, bildet den notwendigen Anfang (*exordium*), damit auch heute der Glaube der Vernunft in ihrer aufrichtigen Suche nach der Wahrheit voll den Weg weisen kann." (*L'Osservatore Romano* vom 3. 10. 1995, S. 8; Nr. 67, A. 90)[36]

---

[35] Vgl. *H. G. Kippenberg*, Die Entdeckung der Religionsgeschichte. Religionswissenschaft und Moderne. München 1997; zum Verhältnis von Theologie und Religionswissenschaft auch *H. Waldenfels*, Begegnung der Religionen. Theologische Versuche I (= Begegnung 1). Bonn 1990, 92-101; *P. Antes*, Theologie und Religionswissenschaft. Methodische Anmerkungen zu Nähe und Distanz: FS H. Waldenfels (A. 31) 313-319.

[36] Die gesamte Tagung ist zusammen mit der Papstbotschaft dokumentiert in *R. Fisichella* (ed.), La Teologia Fondamentale. Convergenze per il terzo millennio. Casale Mon-

Mit diesen Anmerkungen greift er einmal die Aussagen von *Dei Filius* zum Bereich „natürlicher" Erkenntnis als Ort und Voraussetzung der Wahrnehmung und Annahme der göttlichen Offenbarung auf. „Natürliche Erkenntnis" meint die allen Menschen in ihrem Wesen und ihrer „Natur" zukommende Befähigung zur Erkenntnis. Diese wird durch die Offenbarung weder überflüssig noch zerstört. Was die christliche Offenbarung in dieser Hinsicht bewirkt, ist nichts anderes, als dass sie den Menschen zunächst an die ihm gegebenen Befähigungen in ihren Möglichkeiten und Grenzen erinnert. Möglichkeiten und Grenzen werden aber dann sichtbar, wenn man die *„condition humaine"* in ihrer geschichtlichen Bedingtheit beachtet. Hier ist es nun hilfreich, wenn der Papst die menschliche Situation konkretisiert. Das zuvor gebrachte Zitat steht im Zusammenhang mit folgenden Hinweisen auf konkrete Punkte, an denen sich einerseits die Möglichkeiten, andererseits aber auch die Grenzen menschlichen Erkennens zeigen:

> Man denke zum Beispiel an die natürliche Gotteserkenntnis, an die Möglichkeit der Unterscheidung der göttlichen Offenbarung von anderen Phänomenen oder an die Anerkennung ihrer Glaubwürdigkeit, an die Fähigkeit der menschlichen Sprache, ausdrücklich und wahrhaftig auch von dem zu sprechen, was jede Erfahrung übersteigt. Von allen diesen Wahrheiten wird der Geist (*mens*) dazu gebracht, das Vorhandensein eines wirklich auf den Glauben vorbereitenden Weges anzuerkennen (*via quae est fidei reapse praeparatoria*), der in die Annahme der Offenbarung einmünden kann (*potest*), ohne die eigenen Prinzipien und ihre Autonomie im Geringsten zu verletzen. (Nr. 67)

Zu den Aufgaben der Fundamentaltheologie gehört es somit, „die Beziehung zwischen dem Glauben und dem philosophischen Denken zu rechtfertigen und zu erklären" und aufzuzeigen, „dass eine innere Vereinbarkeit zwischen dem Glauben und seinem wesentlichen Anspruch besteht, sich durch eine Vernunft darzustellen, die in der Lage ist, in voller Freiheit ihre Zustimmung zu geben". Hier zitiert der Papst dann nochmals aus seinem zuvor genannten Schreiben:

> So wird der Glaube „einer Vernunft, die aufrichtig nach der Wahrheit sucht, voll den Weg weisen können. Auf diese Weise kann der Glaube als Geschenk Gottes, auch wenn er sich nicht auf die Vernunft stützt (*quamvis ratione haudquaquam innitatur*), sicher nicht auf sie verzichten; gleichzeitig erscheint es für die Vernunft notwendig, vom Glauben Ge-

---

ferrato 1997; vgl. dort u. a. die erneute Beschäftigung mit der Konstitution *Dei Filius* von H. J. Pottmeyer (19-39).

brauch zu machen, um die Horizonte zu entdecken, die sie allein nicht zu erreichen vermöchte". (Ebd.)

Die Fundamentaltheologie ist der Ort, an dem Glaube und Vernunft nicht nur beide wirksam sind, sondern wo das Verhältnis beider zueinander auch in vorzüglichem Maße reflektiert wird.[37] In ihr findet vor allem auch das Gespräch zwischen Theologen und Philosophen frontal und direkt statt, ohne dass die Philosophie in ihrem Denken und ihrer Terminologie lediglich Verwendung finden und somit instrumentalisiert würde. Wenn die Theologie sich im Hinblick auf philosophisches Denken oft genug als schwach erweist, so hat das nicht zuletzt damit zu tun, dass sie, wenn überhaupt, selbst oft eher in traditionellen Bahnen denkt und die aus der modernen Philosophie stammenden, belastenden Rückfragen und Aporien viel zu wenig zur Kenntnis nimmt. Im Übrigen weist in vielen deutschen Fakultäten auch die Zusammenbindung von Fundamentaltheologie und Religionsphilosophie darauf hin, dass sich dieses Fach in besonderer Weise dem Wechselspiel der beiden Wissenschaften stellen muss. Wenn dann als weiterer Aspekt – wie es etwa in Bonn der Fall ist – zeitweilig die „Grenzfragen zu den Naturwissenschaften" artikuliert wurden oder inzwischen die „Theologie der Religionen" genannt wird, so finden darin die Erfordernisse der geschichtlichen Stunde ihren besonderen Ausdruck.

Ehe wir uns im Sinne der Enzyklika den beiden großen Themen „Glaube und Kultur" und „Philosophie in geschichtlichen Gestalten" zuwenden, achten wir in Kürze auf die beiden anderen genannten systematischen Fächer, die beide ihre je eigene Nähe zur fundamentaltheologischen Problemstellung haben.

(c) Zur Sprache der Dogmatik: Gerade weil es im Christentum immer um den Anspruch allgemeiner Heilswirksamkeit gegangen ist, war die Sprache christlicher *Lehr*verkündigung sehr früh weniger von der konkret-narrativen Sprache der Heiligen Schrift als von der Philosophie geprägt. Die Enzyklika nennt als Beispiele: „das Sprechen über Gott, die Personbeziehungen innerhalb der Trinität, das schöpferische Wirken Gottes in der Welt, die Beziehung zwischen Gott und dem Menschen, die Identität Christi, der wahrer Gott und wahrer Mensch ist" (Nr. 66).

---

[37] Beispiel eines Versuchs heutiger Ortsbestimmung der Fundamentaltheologie ist der von *K. Müller* herausgegebene Band: Fundamentaltheologie – Fluchtlinien und gegenwärtige Herausforderungen. Regensburg 1998.

Es geht in diesen Beispielen um den Gottesbegriff, um das Verständnis von Person und Beziehung, um Identität. Anknüpfungspunkt ist die Sprache, die Menschen in der geschaffenen Welt, dort aber konkret in ihrer je eigenen Lebenswelt und Geschichte sprechen; hier geht es um Begrifflichkeit und Argumentationsweisen.
Wenn es dann heißt:

> Die spekulative dogmatische Theologie setzt ... implizit eine auf die objektive Wahrheit gegründete Philosophie vom Menschen, von der Welt und – radikaler – vom Sein voraus" (ebd.),

dann ist freilich zu beachten, dass auch das noch einmal in einer bestimmten, nämlich der abendländisch-griechischen Welt verhafteten philosophischen Sprache gesagt ist. In einer kulturell-denksprachlich pluralen Welt aber stellt sich die Frage, wie die „Sache", um die es geht, in die fremde Sprachlichkeit zu übersetzen ist und ob und wieweit die bislang verwandte Sprache hier in den Übersetzungsvorgang einzubeziehen ist. Ein Grund, dass heute vielfach die biblische Sprache in ihrer Konkretheit als Ansatzpunkt gewählt wird und die Terminologien der scholastischen Theologie, die ein gutes Stück auch die Sprache der lehramtlichen Verlautbarungen ist, außer Acht bleiben, dürfte darin zu suchen sein, dass sprachliche Formulierungen nicht zeitlos sind, sondern stets einen Raum-Zeit-Index an sich tragen und das Bewusstsein dafür zumindest indirekt wächst. Die Frage, welche Philosophie heute Partner der Theologie sein kann und sein will, stellt sich folglich genauso wie die Frage nach der Rolle der spekulativ-systematischen Theologie in den verschiedenen Kulturen.
Der Papst selbst wird später, wo er in Kapitel VII von den aktuellen Aufgaben der Theologie handelt, erneut vor dem „dogmatischen Pragmatismus" warnen, „wonach die Glaubenswahrheiten nichts anderes als Verhaltensregeln wären" und die Gefahr besteht, „diese Wahrheiten rein funktional zu verstehen" (Nr. 97). Verkürzungen in dieser Richtung sieht er in bestimmten Gestalten einer Christologie „von unten" oder auch in einer Ekklesiologie, die die Kirche ausschließlich nach dem Vorbild bürgerlicher Gesellschaften aufgebaut sieht. Für eine sachgerechte Dogmatik fordert er eine „Philosophie des Seins", die „im Rahmen der christlichen metaphysischen Überlieferung eine dynamische Philosophie ist, welche die Wirklichkeit in ihren ontologischen, kausalen und kommunikativen Strukturen sieht" (ebd.).

(d) Das moraltheologische Dilemma: Unbestritten bedarf die Moraltheologie in ihrer Intention, allgemein gültige Prinzipien und Weisen des menschlichen Verhaltens zu vermitteln, einer allgemein verständlichen und gültigen Sprache. Bereits im Zusammenhang mit der dogmatischen Sprache heißt es denn auch, dass in ihr „ganz offenkundig Begriffe, wie z. B. Sittengesetz, Gewissen, Freiheit, persönliche Verantwortung, Schuld usw., zur Anwendung kommen, die im Rahmen der philosophischen Ethik definiert werden" (Nr. 66).

Die Moraltheologie wird aber dann im Anschluss an die Ausführungen zur Fundamentaltheologie noch einmal eigens thematisiert. Hier heißt es, dass die Moraltheologie „vielleicht in noch höherem Maße den Beitrag der Philosophie nötig" hat – gemeint ist offensichtlich: als die Fundamentaltheologie (Nr. 68). Begründet wird die Feststellung damit, dass „im Neuen Bund das menschliche Leben viel weniger durch Vorschriften geregelt [ist] als im Alten Bund". Das Leben im Heiligen Geist führt zu einer über das Gesetz hinausgehenden Freiheit und Verantwortlichkeit. Damit aber die allgemeinen Prinzipien christlicher Lebensführung auf das konkrete Leben des Einzelnen und der Gesellschaft angewendet werden können, „muss der Christ imstande sein, sein Gewissen und seine Denkkraft (*ratiocinii vis*) bis zum Äußersten einzusetzen". Voraussetzung dafür ist eine richtige philosophische Sicht der menschlichen Natur und der Gesellschaft, aber auch der in der philosophischen Ethik erarbeiteten allgemeinen Prinzipien sittlicher Entscheidung.

Zweierlei fällt an dieser Stelle auf: (1) Der Zusammenhang von Fundamentaltheologie und Moraltheologie, das Verhältnis von Theorie und Praxis menschlichen Lebens, von Sprache und Verhalten, wird nicht weiter erläutert, obwohl gerade eine solche Reflexion hier nützlich gewesen wäre.[38] (2) Trotz der lange geführten Diskussion um die so genannte „autonome Moral" findet die darin behandelte Problemstellung hier keine Erwähnung; es gibt an dieser Stelle auch keinen Verweis auf die fundamentale Moralenzyklika des Papstes, *Veritatis splendor*, vom 6. August 1993.

---

[38] Mit guten Gründen haben gerade Fächer der praktischen Theologie ihren eigenen Fundamentaltraktat entwickelt; vgl. Art. Fundamentalkatechetik (*W. Nastainczyk*): LThK³ IV 226; Art. Fundamentalmoral (*W. Winger*): ebd., 226f.; zuvor F. *Böckle*, Fundamentalmoral. München 1977; Art. Fundamentalpastoral (*P. M. Zerfaß*): LThK³ IV 227. Bislang fehlt es aber an einer Reflexion auf das Wechselverhältnis der verschiedenen Fundamentalbestimmungen zueinander; vgl. auch Art. Fundamentaltheologie (*M. Seckler*): ebd., 227-238.

Veritatis splendor wird zuvor in Nr. 6, sodann später in Nr. 25, 82 und 98 genannt. In Nr. 6 heißt es zwar, dass mit dem neuen Schreiben *Fides et ratio* in Fortführung der Moralenzyklika die dort vorgetragenen Gedanken weitergeführt und die Aufmerksamkeit „auf das Thema *Wahrheit* und auf ihr *Fundament* im Verhältnis zu *Glauben*" konzentriert werden solle. In Nr. 98 wird *Veritatis splendor* mit dem Hinweis auf ihre Nr. 32 zitiert, wo vom gewandelten Verständnis des Gewissens die Rede ist und dieses in seiner Individualität gleichsam auf seine Wahrheit zurückfällt, „die von der Wahrheit der anderen verschieden ist". Während es aber an dieser späteren Stelle – analog zur Betrachtung des dogmatischen Standpunkts in Nr. 97 – wiederum um die grundsätzliche Rückbindung an eine „der Wahrheit des Guten zugewandte philosophische Ethik" (Nr. 98) geht, bleibt die Frage, worin eigentlich angesichts der allgemeinen Prinzipien einer philosophischen Ethik das *Proprium Christianum* moraltheologisch besteht, sowohl in der Nr. 66 wie in der Nr. 98 unberührt.[39] Man stellt sich bei der Lektüre der Enzyklika auch die Frage, warum eigentlich Dogmatik und Moraltheologie an zwei verschiedenen Stellen ohne jeweiligen Bezug aufeinander besprochen werden.

(e) Nochmals Zirkularität: Seine Überlegungen schließt der Papst an der besprochenen Stelle des Kapitels VI mit dem erneuten Hinweis, dass die notwendige Beziehung, die zwischen Theologie und Philosophie einzurichten ist, eine *„nota cuiusdam circularis progressionis"*, also „die Eigenschaft eines gewissen kreisförmig fortschreitenden Prozesses", an sich tragen wird (vgl. Nr. 73); die deutsche Übersetzung sagt: „in Form einer Kreisbewegung erfolgen" wird, ich würde – wie zuvor angemerkt – lieber von einer Spiralbewegung sprechen, schon um der im lateinischen Text angesprochenen *„progressio"* Rechnung zu tragen. Entscheidender ist jedoch, dass es sich in dieser Beziehung um ein bipolares Verhältnis handelt. Das ergibt sich schon aus der Tatsache, dass für die Theologie stets „das in der Geschichte geoffenbarte Wort Gottes" „Ausgangspunkt und Quelle", „das in der Aufeinanderfolge der Generationen nach und nach vertiefte Verständnis des Gotteswortes" ihr „letztes Ziel" (*ultimum*

---

[39] R. *Fisichella* möchte in den beiden Enzykliken *Veritatis splendor* und *Fides et ratio* zusammen mit der Enzyklika *Redemptor hominis* gleichsam ein Triptychon erblicken, dessen Mitte das letztgenannte Schreiben bildet; vgl. Per una lettura (A. 1) 18; dieser Sicht der Dinge vermag ich nur bedingt zu folgen.

propositum) ist *(ebd.)*. Demgegenüber folgt die Philosophie als menschliche Suche nach der Wahrheit ihren eigenen Gesetzen. Auf sie ist die Theologie in ihrem Bemühen um ein besseres Verstehen *(ad aptiorem intellectum)* angewiesen.
Freilich reicht es dabei – wie zuvor bereits erwähnt – nicht aus, in der theologischen Argumentation den einen oder anderen Begriff oder auch Teilstücke eines philosophischen Systems zu verwenden. Vielmehr geht es darum, dass eine – der lateinische Text sagt: – *„fidelis ratio"* – die deutsche Übersetzung: „die Vernunft des Glaubenden" erscheint mir nicht zwingend; ich könnte mir auch vorstellen, dass eine „treue", das heißt dem Sachverhalt gegenüber „treue Vernunft" gemeint ist – „ihre Denkfähigkeit einsetzt". Insofern das Denken aber in der Tat selbst zu inhaltlichen Ergebnissen führt, stellt sich dann doch noch einmal die Frage, wie mit diesen Ergebnissen umzugehen ist, wenn man das von der Philosophie erhobene Wissen nicht wie einen Steinbruch plündern will und sich darauf beschränkt, den einen oder anderen Begriff bzw. ein Teil- bzw. Bruchstück eines philosophischen Systems zu verwenden. Dazu sagt die Enzyklika im Grunde genommen zu wenig. In ihr spiegelt sich vielmehr die Sorge wider, dass die Philosophie Wege geht, die sie außerhalb der geoffenbarten Wahrheit, ja außerhalb der Wahrheit selbst führt, während aus der „Kreisbewegung mit dem Worte Gottes" *(circularis motus cum Dei verbo)* die Philosophie bereichert hervorgehen könnte, weil sie neue und unerwartete Ufer erreicht (vgl. ebd.).
Dass mit diesen Aussagen ein Gespräch neu gesucht wird, ist nicht zu bezweifeln. Allerdings darf auch nicht übersehen werden, dass die wiederholt auftretende warnende Sprache neue Fragen und Einwände provozieren muss. Es ist auch nicht einzusehen, warum das der Kirche Fremde diese selbst nicht nur zu Widersprüchen, sondern ihrerseits zu neuen Antworten herausfordern sollte. Das Gespräch zwischen Theologie und Philosophie muß wechselseitig Fragen zulassen und Antwort zu geben versuchen.

(f) Philosophennamen: Dass die Enzyklika hier über sich selbst hinausruft, wird nicht zuletzt deutlich, wo im Folgenden noch einmal Namen von Theologen genannt werden, „die sich auch als große Philosophen auszeichneten und Schriften von so hohem spekulativem Wert hinterließen, dass sie mit Recht neben die Meister der antiken Philosophie gestellt werden können (vgl. Nr. 74). Namentlich genannt werden aus der Väterzeit Gregor von Nazianz (ca. 330-390) und Augustinus, aus dem

Mittelalter Anselm, Bonaventura und Thomas, aus der neueren Zeit John Henry Newman (1801-1890), Antonio Rosmini (1797-1855), Jacques Maritain (1882-1973), Étienne Gilson (1884-1978) und Edith Stein (1891-1942), die in den Tagen der Veröffentlichung von *Fides et ratio* in Rom heilig gesprochen wurde, aus der westlichen Welt, Wladimir S. Solowjow (1853-1900), Pavel A. Florenskij (1882-1937), Peter J. Tschaadajew (1794-1856) und Wladimir N. Lossky (1903-1958) aus dem Bereich der Orthodoxie. Redlicherweise sind hier auch noch die in Nr. 76 genannten Blaise Pascal (1623-1662) und Søren A. Kierkegaard (1813-1855) anzufügen.

Dennoch ist es angesichts der starken Betonung der Eigenständigkeiten der beiden Wissenschaften zu bedauern, dass die Enzyklika sich bei der Nennung von Philosophennamen auf katholische und orthodoxe Christen beschränkt und aus dem Kreis darüber hinaus weltbestimmender Philosophen der Neuzeit und Gegenwart niemand aufgeführt wird. So vermisst man z. B. Maurice Blondel (1861-1949). Hätte es dem geforderten Diskurs nicht doch gut getan, wenn der eine oder andere zeitgenössische Philosoph genannt worden wäre, der zwar kein bekennender Christ, aber aus seinem Denken heraus gesprächsbereit ist, wie es etwa eine Reihe von polnischen Philosophen durch Veröffentlichungen nach Erscheinen der Enzyklika deutlich gemacht hat?[40] Zudem gibt es bis in unsere Zeit Philosophen, die mit ihren Denkanstößen auch das kirchliche Denken nicht unberührt gelassen haben. Dem nachfolgend zu diskutierenden Diskurs mit anderen Kulturen und Religionen hätte auch gedient, wenn wenigstens der Einfluss jüdischer Philosophen, zumal Emmanuel Levinas' (1905-1995), aber auch anderer Franzosen wie Paul Ricœur Erwähnung gefunden hätte. Dass nicht nur außerhalb von Theologie und Philosophie sich der zeitgenössische Pluralismus zeigt, kommt freilich im Verlauf der weiteren Ausführungen der Enzyklika deutlich zur Sprache.

In seiner Festrede anlässlich des Paderborner Jubiläums am 2. Januar 1999 hat Kardinal Joseph Ratzinger, ausgehend vom italienischen Text

---

[40] So hat die von der Polnischen Akademie der Wissenschaften herausgegebene Zeitschrift *Przegląd Filozoficzny* 28 (1998, H. 4) eine Enquete mit 13 Äußerungen polnischer Wissenschaftler zur Enzyklika veröffentlicht. Von *L. Kolakowski* liegt mir die deutsche Übersetzung eines Aufsatzes vor: Mała uwaga o wielkiej encyklice (= Kleine Bemerkungen über eine große Enzyklika): *Tygodnik Powszechny* Nr. 47 (1998) vom 22. 11. 1998, 1 und 5. Demgegenüber war die Reaktion der deutschen kirchlichen und nichtkirchlichen Öffentlichkeit bislang relativ gering und eher uninteressiert; vgl. dazu ausführlicher im Schlussteil.

der Enzyklika, seinerseits die „*circolarita tra fede e filosofia*" aufgegriffen.[41] Dabei lädt er die Philosophen ein, die Idee der Zirkularität noch etwas weiter auszudehnen und „sich nicht in das bloß Eigene und selbst Erdachte ein[zu]schließen" (149). Das kann er schon deshalb tun, weil er weniger das Nehmen voneinander, sondern stärker das *gegenseitige* Geben und Empfangen betont. Wo die Theologie nicht nur von der Philosophie im Sinne des Brauchens und Verwendens nimmt, sondern sich von ihr beschenkt weiß, kann sie umgekehrt auch die Philosophie ihrerseits einladen, sich zu bedienen und zu empfangen. In diesem Sinne sagt Ratzinger:

> So wie sie – die Philosophie – auf die empirischen Erkenntnisse hören muss, die in den verschiedenen Wissenschaften reifen, so sollte sie auch die heilige Überlieferung der Religionen und besonders die Botschaft der Bibel als eine Quelle der Erkenntnis ansehen, von der sie sich befruchten lässt. Tatsächlich gibt es keine große Philosophie, die nicht von der religiösen Überlieferung her Erhellungen und Wegweisungen empfangen hätte, ob wir an die Philosophien Griechenlands und Indiens denken oder an die Philosophie, die im Inneren des Christentums sich entfaltet hat, oder auch an neuzeitliche Philosophien, die von der Autonomie der Vernunft überzeugt waren und die Autonomie der Vernunft als letzten Maßstab des Denkens einschätzten, aber doch Schuldner der großen Motive des Denkens blieben, die der biblische Glaube der Philosophie auf den Weg gegeben hat. (149f.)

An dieser Stelle ergänzt Ratzinger dann die Namensserie der Enzyklika, indem er die deutschen Philosophen Kant (1724-1804), Fichte (1762 bis 1814), Hegel (1770-1831), Schelling (1775-1854), Marx (1818-1883) und Jaspers (1883-1969) nennt. Von den deutschen Idealisten sagt er, dass sie ohne die Vorgaben des Glaubens nicht denkbar wären, von Marx, dass er „mitten in seiner radikalen Umdeutung dennoch von den Horizonten

---

[41] Die Rede liegt inzwischen in mehreren Fassungen vor. Sie wurde zunächst als Dokumentation des Pressedienstes Paderborn = *pdp* vom 2. Januar 1999 veröffentlicht ohne Anmerkungen. Sie erschien dann, mit Anmerkungen versehen, in zwei theologischen Zeitschriften: Glaube, Wahrheit und Kultur. Reflexionen im Anschluss an die Enzyklika „Fides et ratio": *IkZ* 28 (1999) 289-305 (hier erweitert um Ausführungen zur Ungleichartigkeit und Heilsbedeutung der Religionen, zum Gewissen und im Umgang mit der Wahrheitsfrage im interkulturellen Diskurs und dabei auch in der Exegese: 295-301); Die Einheit des Glaubens und die Vielfalt der Kulturen. Reflexionen im Anschluss an die Enzyklika „Fides et ratio": *Theologie und Glaube* 89 (1999) 141-152 (die Originalfassung der Paderborner Rede, die wir im Text mit Seitenzahlen in Klammern zitieren). Die italienische Fassung des Vortrags, den J. Ratzinger offensichtlich auch in S. Giovanni in Laterano gehalten hat, findet sich in: Per una lettura (A. 1) 245-259.

der Hoffnung [lebt], die er aus der jüdischen Überlieferung aufgenommen hatte". Mit Blick auf eine Formulierung Jaspers' fügt er dann an, dass da, wo Philosophie den Dialog mit dem Denken des Glaubens ganz ausblendet, diese in einem „leeren Ernst" endet. Denn eine Philosophie, die auf die Wahrheitsfrage verzichtet, „ist als Philosophie abgedankt" (alles 150).

In einer weiteren Veröffentlichung seines Vortrags merkt Ratzinger darüber hinaus ausdrücklich zur Nr. 74 an:

> In diesem Betracht ist die Aufzählung der Namen, die die Enzyklika in Nr. 74 bietet, zweifellos zu bescheiden ausgefallen. Man braucht in unserem Jahrhundert nur an die Bedeutung der phänomenologischen Schule – von Husserl bis Scheler – und an die große Strömung des Personalismus mit Namen wie F. Ebner, E. Mounier. M. Buber, G. Marcel oder große jüdische Denker wie Bergson und Levinas zu erinnern, um zu sehen, dass Philosophie in dem von der Enzyklika gemeinten Sinn auch heute möglich und in einer Vielfalt von Gestaltungen wirklich ist.[42]

Exkurs: Glaube und Kultur

Das Thema der Rede Joseph Ratzingers lautete aber dann: *Die Einheit des Glaubens und die Vielfalt der Kulturen. Reflexionen im Anschluss an die Enzyklika „Fides et ratio"*. Damit richtete er die Aufmerksamkeit auf Passagen der Enzyklika, die im Kapitel VI ohne eigene Markierung in Nr. 69-72 das in unseren Tagen so wichtige Thema „Glaube und Kultur" behandeln.

(1) Folgen eines pluralistisch geprägten Bewusstseins: Ausgangspunkt der Überlegung ist in Nr. 69 die Beobachtung, dass die gegenwärtige Situation heute stärker dazu einlädt, sich nicht der Philosophie, sondern anderer Formen menschlichen Wissens zu bedienen. Die Menschen wenden sich also von einer Philosophie ab, der es um eine umfassende Sicht der Dinge, der Welt und des Menschen geht, und lassen sich stattdessen von den vielen Einzelerkenntnissen faszinieren, die sie in den Naturwissenschaften und den daraus abgeleiteten Technologien finden. Zugleich entdecken sie dann – auch im Widerspruch zur Philosophie griechischen und eurozentrischen Ursprungs – die in den Traditionen der Welt verbreiteten Weisheitsformen. Nicht wenige Menschen leugnen

---

[42] *IkZ* (A. 41) 305 A. 28.

heute infolge des Pluralismus der Kulturen sodann auch den universalen Wert „des von der Kirche empfangenen philosophischen Erbes" schlechthin (ebd.).

Diese Beobachtung bestätigt die Enzyklika nicht nur faktisch, sondern sie gibt ihr insofern Recht, indem sie die geäußerten Ansichten für „teilweise wahr" erklärt. Freilich liegt die Teilwahrheit weniger in dem positiv Vermittelten als in der Tendenz, sich mit erreichten Einzelwahrheiten zufrieden zu geben und am Ende über dem Teil die Suche nach der vollen und ganzen Wahrheit aufzugeben. Der Mensch sollte aber in der Beschäftigung mit den Naturwissenschaften und dem fruchtbaren Austausch zwischen den Kulturen nicht „die notwendige Vermittlung einer typisch philosophischen, kritischen und Allgemeingültigkeit anstrebenden Reflexion in Vergessenheit geraten lassen" (ebd.). Das hätte einmal negative Folgen für die Beachtung des universalen Charakters des christlichen Glaubens. Darüber hinaus lässt es vergessen, „dass es der besondere Beitrag des philosophischen Denkens erlaubt, sowohl in den verschiedenen Lebensauffassungen wie in den Kulturen zu erkennen, ‚nicht was die Menschen denken, sondern welches die objektive Warheit ist' (*Thomas von Aquin*, De caelo 1,22)" (ebd.):

> „Nicht die verschiedenen menschlichen Meinungen, sondern allein die Wahrheit kann für die Theologie hilfreich sein."

Sowohl im Hinblick auf die Philosophie als auf die Theologie ist somit die Beziehung zu den Kulturen in diesem Zusammenhang zu thematisieren. Es ist aber dann zu beachten, dass es in der menschlichen Geschichte weniger um eine vermehrte Fülle des Wissens geht als darum, dass das Verständnis der Wahrheit vertieft wird.

(2) Geschenkte Einheit: Oft wird ein Thema dadurch relativiert, dass man es als immer schon in der Geschichte vorhanden darstellt. Auf den ersten Blick verfährt auch die Enzyklika so im Hinblick auf den Prozess der Begegnung und Auseinandersetzung mit den Religionen, wenn sie von einer Erfahrung spricht, „welche die Kirche von den Anfängen der Verkündigung des Evangeliums an erlebt hat" (Nr. 70). Tatsächlich geht es dem Papst aber weniger um eine Rechtfertigung des Pluralismus in der Welt als um das Band der Einheit, das bei allen Partikularitäten geknüpft werden muss. In diesem Sinne ist für ihn christlicherseits die Überwindung der trennenden Mauern bedeutsam. Mauern und Trennwände sind aber in den Worten von Eph 2,13f. zunächst zwischen Juden und Nicht-

Juden = Heiden niedergerissen worden. Damit ist in der Sicht des Papstes aber auch jener Wandel grundgelegt, der bis in die heutige Zeit hinein zu beobachten ist: Es fallen auch die Trennwände zwischen den Kulturen:

> Angesichts der Fülle des von Christus vollbrachten Heils fallen die trennenden Wände zwischen den verschiedenen Kulturen. Die Verheißung Gottes wird nun in Christus zu einem Angebot für alle: Sie ist nicht mehr auf die Eigenart eines Volkes, seiner Sprache und seiner Bräuche beschränkt, sondern wird als Schatz, aus dem jeder frei schöpfen kann, auf alle ausgedehnt. Von verschiedenen Orten und Traditionen sind alle in Christus dazu berufen, an der Einheit der Familie der Kinder Gottes teilzuhaben. Christus erlaubt den beiden Völkern, „eins" zu werden. Jene, die „in der Ferne" waren, sind dank des vom Ostergeheimnis gewirkten Neuen „in die Nähe gekommen". Jesus reißt die trennenden Wände nieder und vollzieht auf einzigartige Weise die Vereinigung durch die Teilhabe an diesem Geheimnis. Diese Einheit ist so tief, dass die Kirche mit dem heiligen Paulus sagen kann: „Ihr seid also jetzt nicht mehr Fremde ohne Bürgerrecht, sondern Mitbürger der Heiligen und Hausgenossen Gottes." (*Eph* 2,19; Nr. 70)

Das ausführliche Zitat beweist hinreichend, was gesagt wurde: Johannes Paul II. geht es angesichts der heute ins Bewusstsein tretenden Erfahrung eines umfassenden gesellschaftlich-kulturellen Pluralismus darum, die nach dem christlichen Glauben in Leben und Sterben Jesu gewonnene neue Einheit der Menschheit als die entscheidende Lösung vieler Fragen und Probleme in Erinnerung zu bringen. Vor allem möchte er, dass die Menschen bei aller Verschiedenheit und Unterschiedenheit der Kulturen an einer gemeinsamen Grundlegung des Humanen festhalten:

> Wenn die Kulturen tief im Humanen verwurzelt sind, tragen sie das Zeugnis der typischen Öffnung des Menschen für das Universale und für die Transzendenz (*testimonium illius apertionis ad universalitem et transcendentiam quae propria est hominis*) in sich. Deshalb stehen sie als verschiedene Annäherungen an die Wahrheit da; diese stellen sich als zweifellos nützlich für den Menschen heraus, den sie auf Werte hinweisen, die sein Dasein immer menschlicher machen können. Insofern sich dann die Kulturen auf die Werte der antiken Überlieferungen berufen, enthalten sie – zwar unausgesprochen, aber nicht weniger real – den Bezug auf das Sich-Offenbaren Gottes in der Natur (*indicium quod remittit ad Deum in natura sese manifestantem*) ... (Nr. 70)

(3) Kulturen – Einheit und Pluralität: Wie wiederholt gesagt, richtet sich das Interesse des Papstes weniger auf die Begründung der kulturellen Pluralität als auf das den Kulturen Gemeinsame und sie Verbindende. Veränderungen und Fortschritte sind ihnen genauso gemeinsam wie der Austausch der Güter, aber auch die Fähigkeit, sich der Aufnahme von neuen Dingen zu öffnen. Jeder Mensch ist in seiner Kultur beheimatet, ist von ihr abhängig und beeinflusst sie zugleich: „Er ist zugleich Kind und Vater der Kultur, in die er eingebunden ist" (Nr. 71). Was den Menschen vor der übrigen Schöpfung auszeichnet, sind „seine ständige Offenheit für das Geheimnis und sein unerschöpfliches Verlangen nach Erkenntnis" (ebd.). Damit drängt *jede* Kultur auf ihre Vollendung hin. Das aber heißt zugleich: Sie trägt die Möglichkeit in sich, die göttliche Offenbarung anzunehmen.

Für Christen bedeutet das, dass sie in ihrem Glaubensleben sowohl von der Kultur ihres Lebensraumes durchdrungen sind als auch ihrerseits bei der Gestaltung der jeweiligen Kultur mitwirken. In diesem Zusammenhang fällt der Blick auf das in Apg 2 geschilderte Pfingstereignis in Jerusalem, wo die Vertreter der unterschiedlichsten Völker die Verkündigung der Großtaten Gottes in ihren Sprachen hörten. Ohne das Ereignis genauer zu erklären, folgert der Papst aber, dass die Verkündigung des Evangeliums und das Festhalten am Glauben die Empfänger nicht daran hindert, ihre kulturelle Identität (*suam culturalem proprietatem*) zu bewahren:

> Die Verkündigung des Evangeliums in den verschiedenen Kulturen verlangt von den einzelnen Empfängern das Festhalten am Glauben; sie hindert die Empfänger aber nicht daran, ihre kulturelle Identität zu bewahren. Das erzeugt keine Spaltung, weil sich das Volk der Getauften durch eine Universalität auszeichnet, die jede Kultur annehmen kann, wodurch die Weiterentwicklung des in ihr implizit Vorhandenen hin zu seiner vollen Entfaltung in der Wahrheit begünstigt wird. (Nr. 71)

Diese Überlegungen führen zu folgenden Ergebnissen:
- Eine Kultur kann niemals zum Urteilskriterium (*iudicandi norma*) und noch weniger zum letzten Wahrheitskriterium für die Offenbarung Gottes werden.
- Das Evangelium steht nicht im Gegensatz zu dieser oder jener Kultur, als wollte es ihr bei der Begegnung mit ihr das aberkennen, was zu ihr gehört, und sie zur Annahme äußerer Formen nötigen, die nicht zu ihr passen. Im Gegenteil, die Verkündigung, die der Gläubige in die Welt und in die Kulturen trägt, ist eine wirkliche Form der Befreiung von jeder durch die Sünde eingeführten Unordnung und zugleich Aufruf zur vollen Wahrheit.

- Bei dieser Begegnung wird den Kulturen nichts aberkannt; sie werden sogar ermuntert, sich dem Neuen zu öffnen, das die Wahrheit des Evangeliums enthält, um daraus Ansporn zu weiteren Entwicklungen zu gewinnen. (Ebd.)

(4) Athen und Benares: Der Religionssoziologe Peter Berger hat vor Jahren die bekannte Frage des Tertullian: „Was haben Athen und Jerusalem gemein?" (vgl. Nr. 41) in die Frage: „Was haben Athen und Benares gemein?" fortgeschrieben.[43] Die Frage erlangt in der Tat in unserer Zeit zunehmend wechselseitiger kultureller Beeinflussung neue Aktualität.

(a) Problemstellung: Einmal stellt sich die Frage: Welche Bedeutung hat Athen mit seiner Philosophie bei den Inkulturationsprozessen in andere Kulturen? Muss in ihnen, wenn das Christentum in andere Kulturen übertragen wird, gleichsam auch das „griechische Kleid" mit übertragen werden? Der katholische japanische Schriftsteller Shusaku Endo (1923-1996) hat zeit seines Lebens darunter gelitten, dass er meinte, mit seiner Konversion zum Christentum gleichsam sein gelbes Gesicht gegen ein weißes eintauschen zu müssen; 1959 veröffentlichte er seine Novelle *Weißer Mann und gelber Mann.*

Sollte das jedoch nicht der Fall sein – und die Enzyklika stellt in Nr. 72 ausdrücklich fest, dass die Begegnung des Evangeliums mit der griechischen Philosophie keineswegs ein Hinweis darauf ist, „dass andere Wege der Annäherung ausgeschlossen wären" –, dann stehen wir erneut vor dem Problem, dass der universale Anspruch des Christentums an die Relativität unterschiedlicher Sprachen, Denkformen und Kulturen gebunden ist. Das Christentum läßt sich in seiner Kommunikation nicht auf einen sprachlosen Kern reduzieren, kann somit auch als in der Geschichte gewonnenes Gut nicht von den Grundmomenten menschlicher Geschichte abgelöst werden; es gibt kein rein „nacktes" Christentum. Wie aber erreichen wir dann das Wesen des Christentums, wenn nicht über die Relativität Jerusalems und Athens? Angesichts der Vielzahl sich aufdrängender Kulturen stellt sich die Frage der Vermittlung schon deshalb neu, weil die Unterdrückung des Fremden und die einfache Übertragung des Christlichen über einen radikalen Verwestlichungsprozess der Welt heute kein gangbarer Weg mehr sind. Es sind partnerschaftliches Verhal-

---

[43] Vgl. *P. Berger,* Der Zwang zur Häresie. Religion in der pluralistischen Gesellschaft. Frankfurt 1980, 171-203; dazu *H. Waldenfels,* Fundamentaltheologie (A. 9), 324ff.

ten, Respekt vor dem Fremden und Eigenständigen, dialogische Kommunikation gefordert. Was für das Christentum gilt, gilt im Übrigen auch für die Philosophie, die sich ihrerseits nach dem Verhältnis ihrer Beheimatung im antiken Griechenland und dem Umgang mit den Weisheitslehren der Völker fragen lassen muss.[44] Nicht ohne Grund finden diese immer wieder an den verschiedensten Stellen der Enzyklika Erwähnung.

(b) Fallbeispiel Indien: Der Papst selbst lenkt nun die Aufmerksamkeit auf Indien, meint aber zugleich – wie er später sagt – auch die großen Kulturen Chinas, Japans und der anderen Länder Asiens, vor allem auch die mündlich überlieferten traditionellen Kulturen Afrikas:

> Meine Gedanken gehen spontan zu den Ländern des Orients, die so reich an sehr alten religiösen und philosophischen Überlieferungen sind. Unter ihnen nimmt Indien einen besonderen Platz ein. Ein großartiger geistiger Aufschwung führt das indische Denken zur Suche nach einer Erfahrung, die dadurch, dass sie den Geist von durch Zeit und Raum gegebenen Bedingtheiten befreit, Absolutheitswert hat. Im Dynamismus dieser Suche nach Befreiung finden sich große metaphysische Systeme. (Nr. 72)

Indien sucht also seinerseits Wege, die zum Absoluten führen. Dass daraus in seinen Worten ein Weg wird, der „den Geist von durch Zeit und Raum gegebenen Bedingtheiten befreit" (*temporis spatiique impedimentis animo expedito*), wird hier nicht weiter problematisiert. Entscheidend ist, dass sich auch im indischen Denken die Fähigkeit zeigt, dass sich im Übersteigen von Raum und Zeit die universale Offenheit für andere Kulturen und damit für das Fremde und andere überhaupt kundtut.

(c) Inkulturation als Unterscheidungsarbeit: An den Aufgaben, die sich den Christen in Indien stellen, exemplifiziert der Papst sodann seine Sicht des Inkulturationsprogramms. Es besteht für ihn nicht unwesentlich in einer „Unterscheidungsarbeit" (*discretio agenda*), für die er selbst Anregungen in der Konzilserklärung *Nostra aetate* vorgegeben sieht. Er nennt drei Normen bzw. Kriterien dieser Arbeit:
(a) „Das erste ist die Universalität des menschlichen Geistes, dessen

---

[44] Inzwischen gibt es die Diskussion um eine interkulturelle Philosophie; vgl. dazu *R. A. Mall*, Philosophie im Vergleich der Kulturen. Interkulturelle Philosophie – eine neue Orientierung. Darmstadt 1995; *H. Waldenfels,* Interkulturelle Religionsphilosophie: *H.-J. Höhn* (Hg.), Krise der Immanenz. Religion an der Grenze der Moderne. Frankfurt 1996, 304-328 (Lit.).

Grundbedürfnisse (*postulata*) in den verschiedenen Kulturen identisch sind."

(b) „Wenn die Kirche mit großen Kulturen in Kontakt tritt, mit denen sie vorher noch nicht in Berührung gekommen war, darf sie sich nicht von dem trennen, was sie sich durch die Inkulturation ins griechisch-lateinische Denken angeeignet hat."

(c) Man muss sich davor hüten, „den legitimen Anspruch des indischen Denkens auf Besonderheit und Originalität mit der Vorstellung zu verwechseln, eine kulturelle Tradition müsse sich in ihr Verschiedensein einkapseln und sich in ihrer Gegensätzlichkeit zu den anderen Traditionen behaupten; dies würde dem Wesen des menschlichen Geistes widersprechen" (Nr. 72).

(d) Jerusalem, Athen und Benares?: Kardinal Ratzinger sieht in seiner Paderborner Rede sehr genau, dass der Papst mit seiner zweiten Norm offensichtlich doch all jenen Recht zu geben scheint, die sich fragen, „ob damit nicht ein Eurozentrismus des Glaubens kanonisiert wird, der auch dadurch nicht aufgehoben scheint, dass ja in der weitergehenden Geschichte des Glaubens auch neues Erbe in die beständige und alle angehende Identität des Glaubens eintreten kann und schon eingetreten ist" (146). Die Frage findet erst da ihre volle Lösung, wo die Geschichtlichkeit des christlichen Glaubens bis in ihre Wurzeln hinein zurückgedacht wird. Dann wird nämlich deutlich, dass der christliche Glaube in seinem Ursprung nicht griechisch und lateinisch ist, sondern mit seinen Wurzeln in die semitische Welt des Vorderen Orients zurückreicht. Das ist die Welt, in der sich – worauf Ratzinger hinweist – Asien, Afrika und Europa immer schon berührt haben und berühren.

Insofern als auch in der Enzyklika selbst ein zirkuläres Denken am Werke ist, muss im Übrigen darauf geachtet werden, dass dieser Begegnungs- und Inkulturationsprozess auch zuvor schon behandelt wurde, zumal in den Kapiteln II und IV, wo die Entwicklung des philosophischen Denkens im Inneren der Bibel und die Begegnung von biblischer Weisheit und der Weisheit Griechenlands besprochen wurden. Zu Recht weist Ratzinger dabei darauf hin, dass der Prozess der Inkulturation im Grunde nicht in der Begegnung mit der Welt des Griechentums beginnt, sondern ursprünglich am und im Alten Testament studiert werden muss, also an jenen Prozessen, die den Raum bereiteten, in den hinein Gottes Menschwerdung historisch in Jesus von Nazaret erfolgte.

Entscheidend für eine Inkulturation des zuvor bereits in diese Welt inkulturierten Christentums in die griechische Welt war aber dann die Tatsache, dass sich in Griechenland ein Prozess der Selbstüberschreitung in das Universale angebahnt hatte. Hier aber wird die Begegnung des immer schon inkulturierten Christentums im Laufe seiner weiteren Entwicklung in der Tat zu einem Unterscheidungsgeschehen, das Joseph Ratzinger auf seine Weise noch einmal beschrieben hat:

> Die Väter haben nicht einfach eine in sich stehende und sich selbst gehörende Kultur ins Evangelium eingeschmolzen. Sie konnten den Dialog mit der griechischen Philosophie aufnehmen und sie zum Instrument des Evangeliums dort machen, wo in der griechischen Welt durch die Suche nach Gott eine Selbstkritik der eigenen Kultur und des eigenen Denkens in Gang gekommen war. Der Glaube bindet die verschiedenen Völker – beginnend mit den Germanen und Slawen, die in der Zeit der Völkerwanderung mit der christlichen Botschaft in Berührung kamen, bis hin zu den Völkern Asiens, Afrikas, Amerikas – nicht an die griechische Kultur als solche, sondern an deren Selbstüberschreitung, die der wahre Anknüpfungspunkt für die Auslegung der christlichen Botschaft war. Er zieht sie von da aus in die Dynamik der Selbstüberschreitung hinein. (148)

Mit Richard Schaeffler[45] sieht Ratzinger den Abschied von jedem autochthonen Gott der Europäer bereits zu einer Zeit gegeben, „längst ehe außereuropäische Kulturen in ihr Blickfeld traten". Das erinnert auch nochmals daran, dass die christliche Verkündigung in ihrem Fortgang nicht an die Religionen, sondern an die Philosophie anknüpfte:

> Dass man nicht an die Religionen, sondern an die Philosophie anknüpfte, hängt eben damit zusammen, dass man nicht eine Kultur kanonisiert hat, sondern dort in sie eintreten konnte, wo sie selbst begonnen hatte, aus sich herauszutreten, wo sie sich auf den Weg ins Offene der gemeinsamen Wahrheit begeben und die Einhausung im bloß Eigenen hinter sich gelassen hatte. Das ist für die Frage der Anknüpfungen und des Übergangs zu anderen Völkern und Kulturen auch heute ein grundlegender Hinweis. Sicher kann der Glaube nicht an Philosophien anknüpfen, die die Wahrheitsfrage ausschließen, wohl aber an Bewegungen, die aus dem relativistischen Kerker auszubrechen sich mühen. (148f.)

Damit geht es also nicht darum, Athen zugunsten von Benares zu opfern, sondern den Weg weiterzugehen, der dort begonnen hat, wo das Wort Gottes in der Geschichte vernehmbar geworden, ja Fleisch geworden ist (vgl. Joh 1,14). In diesen Zusammenhang gehören zwei weitere Beobachtungen:

---

[45] Vgl. *R. Schaeffler*, Ent-Europäisierung des Christentums?: *Theologie und Glaube* 86 (1996) 121-131; folgendes Zitat: 131.

(1) In der Welt der Religionen ist in unserer Zeit eine starke Tendenz unverkennbar, dass die einzelnen Religionen als *Weltreligionen* wirksam und folglich Menschen auch aus anderen Völkern Mitglieder werden können. Das gilt vor allem auch für Religionen, die von ihrem Ursprung her lokale bzw. Stammesreligionen sind und deren Zugehörigkeit sich bislang biologisch, das heißt durch die Geburt regelte. Das Gesagte ließe sich inzwischen vor allem am Judentum und am Hinduismus erläutern.
(2) Das Gespräch mit der Philosophie gestaltet sich dort schwierig, wo die Wahrheitsfrage nicht mehr gestellt und auch der Versuch, „aus dem relativistischen Kerker auszubrechen", nicht mehr unternommen wird. Daraus ergibt sich angesichts der Mehrzahl von Philosophien, die sich nicht nur in den verschiedenen Kulturen, sondern auch in einem Kulturgebiet wie dem europäischen entwickelt haben und immer noch entwickeln, als weiterer Fragepunkt, welche Philosophien im Wechselspiel von Theologie und Philosophie eine Rolle spielen. Freilich wird man dann dennoch alle Philosophien auf ihre verborgenen Implikationen prüfen müssen, ehe man sie als mögliche Gesprächspartner völlig unbeachtet lässt und ausschließt. Nur so wird man im Übrigen überhaupt das Interesse von Philosophen wiedergewinnen, deren Lebensraum die säkularisierte Welt ist.

Philosophie und Philosophien

Inzwischen hat auch die europäische Philosophie sich der Frage ihrer geschichtlichen und kulturellen Relativität stellen müssen. Es gibt nicht mehr die zeit- und raumlos gültige Philosophie, sondern die Philosophie muss ihre raum-zeitlichen Bedingtheiten reflektieren und zugleich die Frage beantworten, wie sich unter diesen Bedingtheiten die Selbstüberschreitung des jeweiligen Raumes und der jeweiligen Zeit vollzieht. Verständlicherweise führt die Entdeckung philosophischer Pluralität, somit der Philosophien im Plural neben der Philosophie im Singular, zunächst zu einer wahrnehmenden Beschreibung. Es darf aber über der Wahrnehmung der Mehrgestaltigkeit die philosophische Grundfrage nach der Wahrheit nicht vergessen werden. Das muss festgehalten werden, auch wenn es inzwischen Philosophien gibt, in denen die Beantwortung dieser Frage und damit die Frage selbst als unmöglich, unnütz oder zumindest unnötig zurückgewiesen, zumindest zurückgestellt werden.
Im Kontext unserer Fragestellung benennt die Enzyklika ihrerseits drei

Standorte der Philosophie, denen sich die Theologie zu stellen hat: (a) den Standort der von der Offenbarung des Evangeliums völlig unabhängigen, autonomen Philosophie (Nr. 75), (b) die so genannte „christliche", das heißt eine in lebendiger Verbundenheit mit dem Glauben konzipierte Philosophie (Nr. 76), (c) den Standort, der sich da ergibt, wo die Theologie selbst sich auf die Philosophie beruft (Nr. 77). Mit der Nennung der drei Standorte (Nr. 75-79) kommen zugleich die philosophischen Gesprächspartner der Theologie zum Vorschein. Das folgende Kapitel VII spricht dann von den „aktuellen Forderungen und Aufgaben", die freilich im Hinblick auf die Philosophie und die Theologie beide eher aus dem Blickwinkel der Theologie bzw. des christlichen Glaubens heraus formuliert sind. Da aber in den erneut kritischen Rückfragen zumal der Standort der autonomen, offenbarungsunabhängigen Philosophie zumindest im Negativ an Konturen gewinnt, erscheint es angemessen, die konkretere Besprechung der drei Standorte auf die folgende Überlegung zu verlegen.

Die Gesprächspartner und ihre Aufgaben

Vom Standort der Philosophie aus

Wir beginnen unsere weiteren Überlegungen somit bei den drei Standorten, die die Enzyklika im Bezug auf den christlichen Glauben nennt. Dabei ist ausführlicher der erste Standpunkt zu besprechen, da er in seinen verschiedenen Entfaltungsweisen und Denkrichtungen den Schwerpunkt neuzeitlicher Philosophie bildet. Die Verschiedenheit der Ansätze kommt aber in der Enzyklika vor allem da zum Ausdruck, wo diese von den offenen Wünschen und folglich auch von den Defizienzen heutiger Philosophie spricht. Wo dieser Schwerpunkt nicht genügend beachtet wird, besteht die Gefahr, dass die Theologie sich am Ende doch nicht wirklich mit der heute verbreiteten Philosophie befasst, sondern lediglich mit – vielleicht inner- oder auch nur lokalkirchlich bedeutsamen – Repräsentanten einer Wissenschaft, die im Gesamtverbund der Philosophie eher unbeachtet bleiben. Der versuchte Diskurs geht dann aber am Hauptstrang der Philosophie vorbei.

(1) „Autonome" Philosophie: Mit dieser Bezeichnung ist – wie gesagt – die „von der Offenbarung des Evangeliums völlig unabhängige Philosophie" gemeint, also sowohl die vorchristliche wie die außerchristliche Philosophie (Nr. 75). Vielleicht hätte hier nachdrücklicher betont werden können, dass es solche Philosophien heute auch in unserer abendländischen Kultur gibt, insofern sich Philosophen immer stärker von der Religion emanzipieren und wir gerade in der säkularisierten Welt dem Anspruch autonomen, das heißt: den eigenen Gesetzen folgenden und sich ausschließlich der Kräfte des Verstandes bedienenden Denkens begegnen. Da, wo es ausdrücklich um die heutige, im Westen entwickelte Philosophie geht, findet aber dann die Sorge um die Gefährdung des Glaubens deutlicheren Ausdruck als die positive Einstellung zur Philosophie in ihren vielfältigen Verzweigungen.

(a) Unterstützung der Autonomie: Wo es in der Nr. 75 noch um die Autonomie der Philosophie im Allgemeinen geht, ist diese im Sinne der Enzyklika zu unterstützen und zu stärken, „auch wenn man sich der schwerwiegenden, durch die angeborene Schwäche der menschlichen

Vernunft bedingten Grenzen bewusst ist". Entscheidend ist, dass die Suche nach der Wahrheit im natürlichen Raum „zumindest implizit offen [bleibt] für das Übernatürliche".

Zwei Dinge fügt die Enzyklika an: Einmal werden die Theologen aufgefordert, ihrerseits auch da, wo sie sich philosophischer Begriffe und Argumente bedienen, die Notwendigkeit der rechten Autonomie des Denkens zu beachten, weil die nach strengen Vernunftkriterien entwickelte Argumentation die Gewähr bietet, dass es zu allgemein gültigen Ergebnissen kommt (vgl. Nr. 75). Umgekehrt lehnt aber die Enzyklika jene Philosophien ab, die eine radikale Unabhängigkeit des Denkens insofern fordern, als sie einen aus göttlicher Offenbarung stammenden Wahrheitsbeitrag zum Schaden der Philosophie abweisen.

Im folgenden Kapitel VII finden bestimmte philosophische Richtungen dadurch ein deutlicheres Profil, dass aus dem Blickwinkel der in den Glaubensdokumenten geschenkten Wahrheit eine Mehrzahl von Fragen zur Sprache kommt, deren Behandlung von der Philosophie zwar erwartet, von dieser aber gar nicht oder doch nur mangelhaft geleistet wird. In eher lockerer Folge nennt die Enzyklika, ausgehend von der Sinnkrise, folgende Punkte:

(b) Sinnorientierung: Die Zergliederung des Wissens in die verschiedenen wissenschaftlichen Wissenszweige hat zur Folge, dass sich – wie früher schon gesagt – das Bewusstsein: „Alles Wissen ist nur bruchstückhaft" dem Menschen immer stärker einprägt. Damit aber geht die umfassende Frage nach dem Sinn von allem immer mehr verloren.

> Noch dramatischer ist es, dass sich in diesem wirren Geflecht aus Daten und Fakten, zwischen denen man lebt und die den eigentlichen Gang des Daseins auszumachen scheinen, nicht wenige fragen, ob es überhaupt noch sinnvoll ist, die Frage nach dem Sinn der Dinge zu stellen. Die Mehrzahl der um eine Antwort streitenden Theorien bzw. die unterschiedlichen Sicht- und Interpretationsweisen in Bezug auf die Welt und das Leben des Menschen verschärfen nur diesen radikalen Zweifel, der leicht auf einen Zustand des Skeptizismus und der Gleichgültigkeit oder auf die verschiedenen Äußerungen des Nihilismus hinausläuft. (Nr. 81)

Eine Philosophie, die sich aber selbst nicht mehr dem Orientierungswissen widmet, sondern beim Faktenwissen stehen bleibt, neigt zugleich zu einer starken Selbstverschlossenheit in der Immanenz und folglich zum Verlust jeglicher Transzendenz. Hier erinnert der Papst erneut an die mit der Bezeichnung der Wissenschaft mitgegebene „Weisheitsdimension" (*sapientialis amplitudo*), in der die Philosophie nach dem letzten und alles umfassenden Sinn des Lebens sucht. Nicht die ständige Betonung ihrer Grenzen, sondern das Bemühen, die der Vernunft gegebenen Möglichkeiten auszuschöpfen, führt die Philosophie dahin, ihrem Wesen gerecht zu werden. Tut sie das, so erweist sie sich einmal als die entscheidende kritische Instanz, „die die verschiedenen Seiten des wissenschaftlichen Wissens auf ihre Zuverlässigkeit und ihre Grenzen hinweist", zugleich aber zeigt sie sich als jene letzte Fähigkeit, die das gesamte Wissen und Handeln des Menschen gemeinsam auf ein Ziel und einen letzten Sinn hin drängt (Nr. 81). Diese Weisheitsdimension ist umso erforderlicher, als angesichts der enormen Zunahme der technischen Macht der Menschheit ein geschärftes Bewusstsein für die höheren und höchsten Güter vonnöten ist.

> Sollten diese technischen Mittel ohne Hinordnung auf ein Ziel bleiben, das nicht bloß vom Nützlichkeitsstandpunkt her bestimmt wird, könnten sie sich sehr schnell als inhuman herausstellen, ja sich in potenzielle Zerstörer des Menschengeschlechts verwandeln.
> Das Wort Gottes offenbart das letzte Ziel des Menschen und verleiht seinem Handeln in der Welt einen umfassenden Sinn. Deshalb lädt das Wort Gottes die Philosophie ein, sich für die Suche nach der natürlichen Grundlage dieses Sinnes einzusetzen; diese Grundlage besteht in der Religiosität, die jedem Menschen als Person eigen ist. Eine Philosophie, die die Möglichkeit eines letzten Sinnes leugnen wollte, wäre nicht nur unangemessen, sondern irrig. (Ebd.)

(c) Wahrheitserkenntnis: Als zweite Aufgabe der Philosophie nennt die Enzyklika die Überprüfung der menschlichen Fähigkeit zur Wahrheitserkenntnis. Dabei weist sie darauf hin, dass eine Selbstbeschränkung auf funktionalistische, formale oder utilitaristische Aspekte die Philosophie unter ihr mögliches Niveau zurückfallen lässt. Wenn in diesem Zusammenhang an die bekannte Formel „*adaequatio rei et intellectus*" (= Angleichung von Sachverhalt und Intellekt) erinnert wird, braucht das kein Anlass zu einer ausführlicheren Behandlung der Wahrheitstheorien zu sein. Entscheidend ist, dass mit dieser Formel zwar dem Subjekt der Erkenntnis sein Rang zuerkannt, die zu erreichende Wahrheit aber nicht für dessen Produkt gehalten wird. Bei der anschließenden Kritik übersetzt der deutsche Text mit gutem Recht das lateinische „*philosophia prorsus phaenomenorum aut rerum aequivocarum*" mit „eine radikal phänomenalistische oder relativistische

Philosophie".⁴⁶ Damit wird deutlich unterschieden zwischen „Phänomenalismus" und „Phänomenologie". Es wäre in der Tat tragisch, wenn die lateinische Formulierung vorschnell undifferenziert verstanden würde, obwohl die verbreitete Phänomenologie so einfach nicht von der Kritik getroffen ist. Freilich verdient der dort verwendete Begriff der „Gegebenheit", des „*datum*" (frz. *donné* oder *donation*), im Hinblick auf die Theologie seinerseits eine eigene Diskussion im Anschluss an die führenden Vertreter der Phänomenologie. Die in der Enzyklika folgende Feststellung verdient aber dann in der vorgelegten Form Zustimmung:

> Eine radikal phänomenalistische oder relativistische Philosophie würde sich als ungeeignet dafür erweisen, diese Hilfe zu leisten (d. h. die geistig tieferen Strukturen der Wirklichkeit mit Sicherheit zu erreichen – H. W.), wenn es um die Vertiefung der im Wort Gottes enthaltenen Fülle geht. (Nr. 82)

Diese Feststellung ist dem Papst schon deshalb wichtig, weil sich einmal in der Heiligen Schrift „Texte und Aussagen von wahrhaft ontologischer Tragweite" finden und die inspirierten Autoren „wahre Aussagen formulieren wollten" und somit die Theologie einer Philosophie bedarf, „welche die Möglichkeit einer objektiv wahren, freilich immer vervollkommnungsfähigen Erkenntnis nicht leugnet" (ebd.).

(d) Die metaphysische Dimension: An dritter Stelle fordert die Enzyklika aus theologischer Sicht eine „Philosophie von wahrhaft metaphysischer Tragweite" (*philosophia naturae vere metaphysicae*), eine Philosophie, die imstande ist, „das empirisch Gegebene zu transzendieren, um bei ihrer Suche nach der Wahrheit zu etwas Absolutem, Letztem und Grundlegendem zu gelangen" (Nr. 83).⁴⁷ Ausdrücklich geht es dem Papst nicht um eine bestimmte Schule der Metaphysik. Entscheidend ist ihm, dass die Wirklichkeit und die Wahrheit die empirischen Fakten und Elemente, damit auch den Raum der reinen Erfahrung, transzendieren.

---

46 Vgl. dazu die Art. Phänomenalismus (*W. Halbfass*): HWP VII 483ff.; (*P. Weingartner*): LThK³ VIII 200.
47 Vgl. zum Verständnis und zur Geschichte des Begriffs „Metaphysik" die einschlägigen Art. Metaphysik (*L. Oeing-Hanhoff / Th. Kobusch / T. Borsche*): HWP V 1186-1279; (*L. Honnefelder / J. Szaif / H. Möhle / A. Wildfeuer / G. Jüssen*): LThK³ VII 190-201. Dass gerade das konkrete Verständnis von Metaphysik genau geprüft werden muss, zeigt sich bei Autoren wie G. Vattimo, die unter dem „Ende der Metaphysik" einen nicht selbstverständlichen Begriff von Metaphysik zur Anwendung bringen.

Das ist ihm schon deshalb bedeutsam, weil die Metaphysik auch die Grundlage für den Begriff der menschlichen Würde und damit der Personwürde bildet und nicht umgekehrt die – wie immer geartete – Anthropologie an ihre Stelle treten kann.

Hier lenkt der Papst sodann die Aufmerksamkeit auf jene zentralen Punkte, um die es ihm besonders geht. Offensichtlich ist ihm die Rede von „Phänomenen" und „Erfahrungen", zumal auch „religiösen Erfahrungen", auch wenn von nicht wenigen um ihre Tiefendimension gerungen wird, trotz allem eher suspekt:

> Wo immer der Mensch einen Hinweis auf das Absolute und Transzendente entdeckt, eröffnet sich ihm eine Andeutung der metaphysischen Interpretation der Dinge: in der Wahrheit und der Schönheit, in den sittlichen Werten und den übrigen Personen, im Sein selbst und in Gott. Es bleibt uns am Ende dieses Jahrtausends eine große Herausforderung, nämlich dass uns der ebenso notwendige wie dringende Übergang *vom Phänomen zum Fundament* gelingt. Wir dürfen deshalb unmöglich bei der bloßen Erfahrung stehen bleiben; auch wenn diese die Innerlichkeit des Menschen und seine Spiritualität ausdrückt und verdeutlicht, muss das spekulative Denken die geistliche Substanz und das sie tragende Fundament erreichen. Ein philosophisches Denken, das jede metaphysische Öffnung ablehnt, wäre daher völlig ungeeignet, im Verständnis der Offenbarung als Vermittlerin wirken zu können. (Nr. 83)

Zur Theologie merkt er dabei an:

> Einer Theologie ohne metaphysischen Horizont würde es nicht gelingen, über die Analyse der religiösen Erfahrung hinauszutreten; außerdem würde sie es dem *intellectus fidei* unmöglich machen, die universale und transzendente Kraft der geoffenbarten Wahrheit auf angemessene Weise zum Ausdruck zu bringen.
> Wenn ich so sehr auf der metaphysischen Komponente bestehe, dann deshalb, weil ich davon überzeugt bin, dass sie der unumgängliche Weg ist, um die Krisensituation, die heutzutage große Teile der Philosophie durchzieht, zu überwinden und auf diese Weise manche in unserer Gesellschaft verbreiteten abwegigen Verhaltensweisen zu korrigieren. (Ebd.)

Joseph Ratzinger hat in seiner Paderborner Rede seinerseits noch einmal die Vorgaben des Glaubens an die Philosophie und die daraus sich ergebenden Aufgaben in Erinnerung gebracht. Dazu gehören im Umfeld metaphysischen Denkens der Begriff der Person, der Gedanke des Menschen als Ebenbild Gottes und die relationale Anthropologie der Bibel, die mit diesem Menschenbild gegebenen Ideen der Schuldfähigkeit, der

Gleichheit und Freiheit des Menschen, die Geschichtlichkeit. Zugleich betont er aus seiner Sicht das Pseudodogma heutiger Denker, die von einer Unüberschreitbarkeit des Phänomens ausgehen:

> Heute ist die Unüberschreitbarkeit des Phänomens, des uns erscheinenden Aspekts der Dinge gerade zum Dogma geworden. Aber ist nicht wahrhaft der Mensch in seinem Innersten amputiert, wenn er sich nur noch auf den Schein stützt und damit letztlich selbst ein Schein-Leben führt? Für das Johannesevangelium geht es in der christlichen Glaubensentscheidung gerade darum, dass der Mensch sich nicht dem Schein beugt und nicht so den Schein zur letzten Wirklichkeit erhebt, sondern dass er über den Schein hinaus die Herrlichkeit Gottes, das heißt den Lichtglanz der Wahrheit, sucht und sich danach richtet. (151)

Die „Diktatur des Scheins" sieht Ratzinger vor allem auf zwei Ebenen am Werke: einmal in der Politik, wo sich das öffentliche Handeln oft genug allein nach dem richtet, „was über die Fakten ‚erscheint', gesagt, geschrieben und vorgezeigt wird", sodann im Umgang mit der Bibel, wenn ihr gegenüber das moderne Weltbild zum eigentlichen Urteilsmaßstab erhoben wird, der entscheidet, was sein kann und was nicht. Hier aber gilt dann:

> Offenbarung ist mehr als Erfahrung, aber gerade so schenkt sie uns Gottes Erfahrung und hilft uns, unsere Erfahrungen zueinander zu bringen, recht zu ordnen, sie in der Unterscheidung der Geister kritisch und positiv zu verstehen und mitzuteilen. Ich denke, dass in der heutigen philosophischen und theologischen Debatte gerade diese Abschnitte der Enzyklika zu weiterem Denken und Fragen herausfordern müssen und so zu einer wertvollen Befruchtung des geistigen Ringens dieser Stunde werden können. (151f.)

Ob an dieser Stelle aber nicht jene Autoren Beachtung verdient hätten, die gerade über die menschlichen Erfahrungen den Weg in die Transzendenz zu eröffnen versucht haben? Ich erinnere beispielsweise an Bernhard Welte, an Richard Schaeffler und Bernhard Casper.[48] Ihnen waren und sind mit anderen die Entdeckung und Erschließung von konkreten, erfahrbaren Wegen zu Gott in glaubensarmer Zeit ein Grundanliegen

---

[48] Vgl. beispielhaft von *B. Welte*, Das Licht des Nichts. Von der Möglichkeit neuer religiöser Erfahrung. Düsseldorf 1982; von *R. Schaeffler*, Fähigkeit zur Erfahrung. Zur transzendentalen Hermeneutik des Sprechens von Gott (= Quaestio disputata 94). Freiburg u. a. 1982; Erfahrung als Dialog mit der Wirklichkeit. Eine Untersuchung zur Logik der Erfahrung. Freiburg/München 1995; von *B. Casper*, Das Ereignis des Betens. Grundlinien einer Hermeneutik des religiösen Geschehens. Freiburg/München 1998 (dort weitere Lit.).

ihres Lebenswerkes. Diese Wege aber führen nicht an den Phänomenen dieser Welt vorbei.

(e) Zur Rolle der Sprachanalyse: Der Gedankengang der Enzyklika findet seine Fortsetzung dort, wo der Papst im Folgenden die hermeneutischen Wissenschaften behandelt. Offensichtlich zeigt sich die Brüchigkeit metaphysischen Denkens für ihn in eigentümlicher Weise gerade in den sprachanalytisch orientierten hermeneutischen Konzeptionen. Unbestritten ist für ihn, dass man aus ihnen auch für das Glaubensverständnis vieles lernen kann. Die Grenze wird aber auch hier erreicht, wo die Fähigkeit der menschlichen Vernunft auf den Bereich rein analytischer Forschung begrenzt wird und mit diesen Begrenzungen die Allgemeingültigkeit der Glaubensinhalte verwischt oder geleugnet wird. Hier steht dann der bedenkenswerte Satz:

> Die Auslegung dieses Wortes (d. h. des Wortes Gottes – H. W.) darf uns nicht nur von einer Interpretation auf die andere verweisen, ohne uns je dahin zu bringen, ihm eine schlichtweg wahre Aussage zu entnehmen; andernfalls gäbe es die Offenbarung Gottes nicht, sondern nur die Formulierung menschlicher Auffassungen über Ihn und über das, was Er vermutlich von uns denkt. (Nr. 84)

Diesen Feststellungen wird man gleichfalls zustimmen. Doch auch hier sollte nicht übersehen werden, wie viel die Religionsphilosophie, aber dann auch die Theologie aus den Ergebnissen linguistischer und sprachanalytischer Forschungen gelernt hat.[49]

(2) Christlich verstandene Philosophie: Im Folgenden vermischt sich die Sichtweise der Philosophie mit der, die zuvor als zweiter Standort der Philosophie benannt worden ist: der so genannten „christlichen Philosophie" (vgl. Nr. 76), ein Begriff, der in unserem Sprachraum heute nicht unproblematisch ist.

(a) Zum Verständnis „christlicher" Philosophie: Im Sinne der einschränkenden Feststellung, dass es sich dabei nicht um eine offizielle Philosophie der Kirche handeln kann, sondern nur um eine „in lebendiger Verbundenheit mit dem Glauben konzipierte philosophische Spekulation",

---

[49] Vgl. z. B. *B. Casper,* Sprache und Theologie. Eine philosophische Hinführung. Freiburg u. a. 1975; auch *P. Weingartner* (Hg.), Die Sprache in den Wissenschaften (= Grenzfragen 20). Freiburg/München 1993 (ein guter Überblick über die verschiedenen „Sprachen" der Wissenschaften).

ist eher von einer „christlich verstandenen Philosophie" zu sprechen. Genau genommen möchte der Papst dabei den Blick auf jene Entwicklungen philosophischen Denkens lenken, „die sich ohne den direkten oder indirekten Beitrag des christlichen Glaubens nicht hätten verwirklichen lassen" (ebd.).

Dabei unterscheidet er den subjektiven und den objektiven Aspekt. *Subjektiv* geht es ihm um die Läuterung der Vernunft durch den Glauben bzw. um die Befreiung von der Versuchung der Anmaßung (*nimia confidentia*). Auch die Philosophie steht schließlich vor den Problemen des Bösen und des Leides, vor allem vor den letzten metaphysischen Fragen nach dem Sinn des Lebens und dem Warum alles Seienden.

Objektiv gibt es Fragestellungen, bei denen im Miteinander von Philosophie und Glaubenserkenntnis die Philosophie auf zusätzliche Denkwege verwiesen worden ist, manche Irrwege auch verstellt worden sind. Hier weist der Papst auf jenen Grenzbereich des Denkens hin, in dem die menschliche Vernunft zwar aus eigener Befähigung fündig werden kann – im Sinne des 1. Vatikanischen Konzils, auch wenn es hier nicht ausdrücklich zitiert wird –, aber kraft des Lichtes, das der Glaube schenkt, leichter zum Ziel der Suche gelangt. Als Beispiele nennt die Enzyklika das Gottesverständnis, das Problem des Bösen, das Menschenbild mit den Erkenntnissen der Würde, Gleichheit und Freiheit der menschlichen Person, das Verständnis der Geschichte, schließlich die Offenheit des Menschen für das Jenseits der Endlichkeit, also das Unendliche, das die Natur des Menschen Sprengende. Der Papst ist davon überzeugt, dass es ohne einen Austausch zwischen Theologie und Philosophie „einen beachtlichen Teil der modernen und zeitgenössischen Philosophie gar nicht gäbe" (Nr. 76). Zu beachten ist aber, dass auf diesem Standpunkt nicht aus Philosophen Theologen werden sollten, sondern die genuin philosophischen Regeln ihre Gültigkeit behalten müssen.

(b) Rückbindung an die Tradition: Wenn die Enzyklika versucht, aus dem Glauben an das Wort Gottes heraus die Aufgaben der Philosophie zu beleuchten, erscheint es sinnvoll, an die Überzeugungen zu erinnern, aus denen in der Geschichte die Fähigkeit und die Aufgaben wahrer Philosophie bestimmt wurden. Dazu gehörte nicht zuletzt die Überzeugung, „dass der Mensch imstande ist, zu einer einheitlichen und organischen Wissensschau zu gelangen" (Nr. 85). Daran hält der Papst auch in einer Zeit fest, in der die „Bruchstückartigkeit des Wissens eine fragmentarische Annäherung an die Wahrheit mit der sich daraus ergebenden

Sinnzersplitterung mit sich bringt" und die innere Einheit des heutigen Menschen verhindert wird (ebd.).

Nach Ansicht des Papstes ist die Philosophie in ihrer Offenheit für die Errungenschaften modernen Denkens nur dann zu einer umfassenden Sicht der Dinge fähig, wenn die Kontinuität zu den großen Traditionen der Philosophie und damit deren Grundüberzeugungen nicht einfachhin preisgegeben wird. Denn die Provokation, die darin besteht, dass Menschen davon überzeugt waren, sich für die Transzendenz öffnen bzw. offen halten zu können, bleibt auch für den heutigen Skeptiker und Agnostiker zumindest faktisch als Stachel bestehen. Zugleich besagt die Erinnerung an die Tradition sowohl für die Philosophie wie für die Theologie wesentlich die „Anerkennung eines Kulturerbes, das der ganzen Menschheit gehört", nämlich den Respekt vor der Weisheit, mit deren Hilfe sich die Grenzen von Raum und Zeit überwinden lassen. Dann aber gilt auch:

> Man könnte sogar sagen: Wir gehören zur Tradition und können nicht einfach über sie verfügen, wie wir wollen. Gerade diese Verwurzelung in der Überlieferung erlaubt uns heute, ein originelles, neues und in die Zukunft weisendes Denken zum Ausdruck zu bringen. (Nr. 85)

(c) Gegen die Einseitigkeiten: Wo die Weite der Zeit und des Raumes wiedergewonnen wird und der Sinn für das Absolute und Transzendente offen und geschärft bleibt, sind alle Einseitigkeiten als Gefahren zurückzuweisen. Die Enzyklika konzentriert sich auf fünf Denkrichtungen, denen der Sinn für die Universalität und Allgemeingültigkeit abhanden gekommen ist bzw. wo dieser aus dem einen oder anderen Grund letztendlich völlig geleugnet wird:

- *Eklektizismus:* Die hier einsetzende Kritik trifft nicht nur die entsprechende Philosophie, sondern auch die Theologie, wo sie in Forschung, Lehre und Argumentation einzelne, aus verschiedenen Philosophien stammende Ideen ohne Berücksichtigung der systematischen Zusammenhänge und der historischen Kontexte verwendet. Bei einem solchen Umgang mit einzelnen Momenten und Begriffen kann es leicht geschehen, dass die Unterscheidung von Wahrheitsgehalt und unangemessenen und irrigen Elementen nicht mehr gelingt (vgl. Nr. 86).

- *Historizismus:* Hier gilt es zu unterscheiden zwischen einem historischen Interesse, das eine Lehre der Vergangenheit, um sie richtig zu verstehen, in ihren geschichtlichen und kulturellen Kontext einordnet, und jenem historizistischen Einsatz, „die Wahrheit einer Philosophie auf der Grundlage ihrer Angemessenheit für eine bestimmte Periode und eine bestimmte historische Aufgabe" festzustellen (Nr. 87). Mit der an zweiter Stelle beschriebenen Einstellung verbindet sich ein deutlicher Relativismus, der – zumindest implizit – zur Leugnung der umfassenden Gültigkeit der Wahrheit führt und stattdessen die Gültigkeit einer Wahrheit auf eine bestimmte Raum-Zeit-Stelle beschränkt:

> Die Geschichte des Denkens wird für ihn (= den Historizisten – H. W.) somit kaum mehr als ein archäologischer Fund, aus dem man schöpft, um Positionen der Vergangenheit herauszustellen, die nunmehr großenteils überholt und für die Gegenwart ohne Bedeutung sind. Dagegen gilt es zu bedenken, dass man in der Formulierung, auch wenn sie in gewisser Weise an die Zeit und die Kultur gebunden ist, die in ihr ausgedrückte Wahrheit oder den Irrtum trotz der räumlichen und zeitlichen Distanz auf jeden Fall erkennen und als solche bewerten kann. (Nr. 87)

Eher beiläufig spricht die Enzyklika dann von der theologischen Gestalt des Historizismus, die sie als „Modernismus" anspricht. Unter dem Begriff versteht *Fides et ratio* folgenden Tatbestand:

> Mit der berechtigten Sorge, die theologische Argumentation zeitgemäß und für den heutigen Menschen annehmbar zu machen, bedient man sich nur jüngster Aussagen und des gängigen philosophischen Jargons; dabei werden die kritischen Urteile vernachlässigt, die im Lichte der Überlieferung eventuell erhoben werden müßten. Weil diese Form des Modernismus Nützlichkeit mit Wahrheit verwechselt, erweist sie sich als unfähig, die Forderungen der Wahrheit zu befriedigen, auf die die Theologie Antwort zu geben hat. (Ebd.)

- *Szientismus:* An dritter Stelle nennt die Enzyklika den Szientismus, jene philosophische Auffassung, die sich weigert, „neben den Erkenntnisformen der positiven Wissenschaften andere Weisen der Erkenntnis als gültig zuzulassen, indem sie sowohl die religiöse und theologische Erkenntnis als auch das ethische und ästhetische Wissen in den Bereich der reinen Phantasie verbannt" (Nr. 88). Nach Ansicht des Papstes tritt der alte Positivismus bzw. Neopositivismus in der Gestalt des Szientismus neu zutage. In seiner kritischen Situationsbeschreibung trifft er sich im Übrigen mit den Analysen vieler Zeitgenossen, die zu ähnlichen Ergebnissen kommen:

> In dieser Sicht werden die Werte (*bona*) in einfache Produkte des Gefühls verbannt; die Erkenntnis des Seins wird zurückgestellt, um der reinen

Tatsächlichkeit (*nuda et simplicia facta*) Platz zu machen. Die Wissenschaft bereitet sich also darauf vor, sämtliche Aspekte des menschlichen Daseins durch den technologischen Fortschritt zu beherrschen. Die unbestreitbaren Erfolge der naturwissenschaftlichen Forschung und der modernen Technologie haben zur Verbreitung der szientistischen Gesinnung (*mens scientifica*) beigetragen. Diese scheint grenzenlos zu sein in Anbetracht dessen, wie sie in die verschiedenen Gestalten der Kultur eingedrungen ist und welche fundamentalen Veränderungen sie dort herbeigeführt hat. (Nr. 88)

Mit Bedauern stellt der Papst sodann fest, „dass alles, was die Frage nach dem Sinn des Lebens betrifft, vom Szientismus in den Bereich des Irrationalen oder Imaginären verwiesen wird". In der Verarmung dieser Denkrichtung kommt es am Ende dahin, dass „das, was technisch machbar ist, eben dadurch auch moralisch annehmbar ist" (ebd.) – eine Konsequenz, die nicht selten dort zutage tritt, wo es heute zu Auseinandersetzungen zwischen kirchlichen Moralvorstellungen und wissenschaftlichen Verhaltensweisen und Denkmustern kommt.

- *Pragmatismus:* Unter dieser Fehleinstellung versteht die Enzyklika eine Haltung, die in ihren Entscheidungsprozessen weder auf theoretische Überlegungen noch auf ethische Prinzipien und Bewertungen zurückgreift, sondern sich – etwa im politischen Raum – einseitig an parlamentarischen oder auch demoskopisch erhobenen Mehrheiten orientiert (vgl. Nr. 89). Damit geraten die moralischen Entscheidungen mehr und mehr unter das Mandat der öffentlichen Meinung und der diese repräsentierenden, nicht selten auch produzierenden Institutionen. Zu nennen wären hier neben den politischen Gremien vor allem auch die Medien, die heute die öffentliche Meinung nicht nur vertreten, sondern sie in nicht geringem Maße überhaupt erst erzeugen. Hier überschreitet die Enzyklika zwar den Bereich der Philosophie im engeren Sinne in den Bereich der gesellschaftlichen Öffentlichkeit hinein, doch macht sie damit deutlich, dass weder Theologie noch Philosophie sinnvollerweise in einem abgehobenen, gesellschaftlich irrelevanten Raum betrieben werden.

- *Nihilismus:* Die verschiedenen philosophischen Richtungen, die sich aufgrund ihrer Einseitigkeiten dem Gespräch mit der Theologie und dem von ihr vertretenen Wort Gottes verschließen, vereinen sich in einer grundsätzlich nihilistischen Ausrichtung, die – bereits vor dem Widerspruch zum Wort Gottes – zur „Verneinung der Humanität des Menschen und seiner Identität" führt:

> Man darf nicht übersehen, dass die Seinsvergessenheit unvermeidlich den Kontaktverlust mit der objektiven Wahrheit und daher mit dem Grund zur Folge hat, auf dem die Würde des Menschen fußt. So können vom Angesicht des Menschen jene Züge entfernt werden, die seine Gottähnlichkeit offenbaren, sodass er allmählich entweder zu einem zerstörerischen Machtwillen oder in die Verzweiflung der Einsamkeit getrieben wird. Wenn man dem Menschen einmal die Wahrheit genommen hat, ist die Behauptung, ihn befreien zu wollen, reine Illusion. Wahrheit und Freiheit verbinden sich entweder miteinander, oder sie gehen gemeinsam elend zugrunde. (Nr. 90)

(3) Theologische Bindung an die Philosophie: Am Ende dieses Abschnitts von Kapitel VII weist der Papst erneut darauf hin, dass mit den erwähnten Denkrichtungen kein vollständiges Bild der aktuellen Situation der Philosophie entworfen wird. Bevor wir seine Zwischenbilanz erläutern, ist in Kürze der dritte Standort der Philosophie zu erläutern. Den ersten und wichtigsten Standort bildet die so genannte „autonome" Philosophie, die schon deshalb der erste Gesprächspartner der Theologie sein sollte, da die Mehrzahl der Philosophen in der heutigen Gesellschaft zu dieser Gruppe gehört. Als zweiten Standpunkt nannte die Enzyklika die so genannte „christliche Philosophie", dem sie dann an dritter Stelle jene Position folgen lässt, auf dem „die Theologie selbst sich auf die Philosophie beruft" (Nr. 77).
Dieser dritte Standort bezieht sich auf die notwendige Rückbindung der Theologie als rational begründeter Wissenschaft an die kritische Vernunft (*ratio critica*), an den Gebrauch von Begriffen und Argumentationen, zumal auch die Übertragung der theologischen Wahrheit in den Raum der Allgemeingültigkeit und Verbindlichkeit – immer unter Beachtung der der Philosophie zustehenden Autonomie. In diesem Zusammenhang verwirft der Papst auch den missverständlichen Gebrauch der alten Formel von der Philosophie als der *„ancilla theologiae"*, „der Dienstmagd der Theologie". Für ihn ist die Formel lediglich Ausdruck der notwendigen Beziehung von Theologie und Philosophie, doch ist sie heute angesichts der Betonung des philosophischen Autonomieprinzips eher obsolet und unbrauchbar geworden.
Michael Eckert hat in einer ersten Stellungnahme zur Enzyklika die Aufmerksamkeit gerade auf die alte Formel *„ancilla theologiae"* gerichtet, die auf Petrus Damiani (1007-1072) zurückgeht, der den Begriff in einer alle-

gorischen Deutung von Dtn 21,10-13 verwendet.⁵⁰ Das Bild hat dabei freilich eine sehr konkrete Gestalt: Der Theologe wird aufgefordert, die Philosophie wie eine Sklavin zu behandeln, ihr die Haare abzuschneiden – gemeint sind überflüssige Theorien –, dann die Nägel – den verwerflichen Aberglauben –, ihr dann die Kleider vom Leib zu reißen – als heidnisches Relikt – und schließlich über sie als Weib zu verfügen, das heißt: sie als Sklavin zu benutzen (vgl. *De divina omnipotentia* 5) – ein alles in allem eher frauenfeindliches Bild. Noch bei Kant taucht das Bild – allerdings leicht variiert – in seiner Schrift *Der Streit der Fakultäten* (A 26, 27) auf:

> – Auch kann man allenfalls der theologischen Fakultät den stolzen Anspruch, dass die philosophische ihre Magd sei, einräumen (wobei doch noch immer die Frage bleibt: ob diese ihrer gnädigen Frau d i e F a c k e l v o r t r ä g t oder d i e S c h l e p p e n a c h t r ä g t); wenn man sie nur nicht verjagt oder ihr den Mund zubindet; denn eben diese Anspruchslosigkeit, bloß frei zu sein, aber auch frei zu lassen, bloß die Wahrheit, zum Vorteil jeder Wissenschaft, auszumitteln und sie zum beliebigen Gebrauch der oberen Fakultäten hinzustellen, muss sie der Regierung selbst als unverdächtig, ja als unentbehrlich empfehlen.

Kant weist im selben Zusammenhang darauf hin, dass eine philosophische Fakultät schon deshalb an einer Universität notwendig sei, „weil auf W a h r h e i t (der wesentlichen und ersten Bedingung der Gelehrsamkeit überhaupt) alles ankommt, die N ü t z l i c h k e i t aber, welche die oberen Fakultäten zum Behuf der Regierung versprechen, nur ein Moment vom zweiten Range ist".

Auch wenn es in der äußeren Beschreibung der Enzyklika nun an dieser Stelle um einen dritten Standort der Philosophie geht, steht doch die Mahnung an die Theologen im Vordergrund, sich nicht zu weigern, Philosophie zu treiben. Täte der Theologe es nicht mehr mit vollem Bewusstsein, so „liefe er Gefahr, ohne sein Wissen (also unbewusst dennoch – H. W.) Philosophie zu treiben und sich in Denkstrukturen einzuschließen, die dem Glaubensverständnis wenig angemessen sind". Hier spricht der Papst dem Lehramt auch ausdrücklich das Recht zu, in den wechselseitigen Diskurs um des Glaubens willen einzugreifen und auch bestimmte Forderungen zu benennen, „welche die Philosophie in dem Augenblick respektieren muss, wo sie mit der Theologie in Verbindung tritt" (Nr. 77).

---

50 Vgl. *M. Eckert,* Fackel oder Schleppe? Wider die Zerrissenheit der ehrwürdigen Tradition von Philosophie und Theologie: *Theologische Quartalschrift* 177 (1998) 167-169; auch Art. Ancilla theologiae (*W. Kluxen*): HWP I 294f.

Genau das aber tut der Papst auch da, wo er im Zwischenbereich von philosophischer Autonomie, theologischer Offenbarungsgebundenheit und lehramtlichem Autoritätsanspruch zu verschiedenen Einseitigkeiten und Selbstbeschränkungen im philosophischen Denkbereich Stellung bezieht. Die Einstellung zu diesem Gesamtbereich ist geprägt von Unterscheidungen. Unbestritten haben viele neuere Anstöße zur Bereicherung des menschlichen Wissens und Verständnisses beigetragen. Genannt werden die Bereiche der Logik, der Sprachphilosophie, der Epistemologie, Naturphilosophie und Anthropologie, die eingehende Analyse der affektiven Erkenntniswege, die existenzielle Annäherung an die Analyse der Freiheit (vgl. Nr. 91). Das darf freilich nicht dahin führen zu übersehen, dass die Bejahung des Immanenzprinzips im Blick auf bislang unbestrittene Postulate zu deutlichen Verlusten geführt hat. Irrationale Strömungen haben dafür auf ihre Weise das kritische Urteil über die „Vergeblichkeit des absoluten Selbstbegründungsanspruchs der Vernunft" (*vacua omnino postulatio absoluti dominii rationis*) unterstützt (vgl. ebd.).

(4) „Post-Moderne": Am Ende des besprochenen Teils aus Kapitel VII folgt eine kurze Anmerkung zur so genannten „Post-Moderne", die wir bewusst aus dem Gesamtzusammenhang aussondern. „Post-Moderne" wird zunächst als ein Epochenbegriff eingeführt. Das ist auch der Anlass, dass wir die hier gemachten Aussagen als einen eigenen Standort der Philosophie ansprechen. Ursprünglich auf ästhetische, soziale und technologische Phänomene bezogen, steht „Post-Moderne" aber dann heute – ohne letzte Eindeutigkeit in der Bestimmung – für ein Ensemble unterschiedlicher Denkrichtungen. Dabei steht eines außer Zweifel:

> Die Denkrichtungen, die sich auf die Post-Moderne berufen, verdienen entsprechende Aufmerksamkeit. Denn nach Ansicht einiger von ihnen wäre die Zeit der Gewissheiten (*certitudo*) hoffnungslos vorbei; nunmehr müsste der Mensch lernen, vor einem Horizont völliger Sinnferne im Zeichen des Vorläufigen und Vergänglichen zu leben. In ihrer zerstörerischen Kritik an jeder Gewissheit ignorieren zahlreiche Autoren die notwendigen Unterscheidungen und leugnen auch die Glaubensgewissheiten. (Nr. 91)

Zweifellos wird man darüber diskutieren können, ob die hier gemeinten Richtungen nun alle miteinander unter das Verdikt „dieser Nihilismus" gestellt werden können; denn wenn nicht alles täuscht, zeigt eine genauere Analyse einzelner Autoren, dass manche von ihnen doch deutliche

Berührungen zur negativen Theologie aufweisen und für einen religiösen Horizont offen bleiben.[51] Dennoch ist nicht zu leugnen, dass sich in der Post-Moderne auch eine Auflösung jenes rationalistischen Optimismus ereignet, der den schrecklichen Erfahrungen des Bösen in unserer Zeit nicht standhält und viele Zeitgenossen eher in die Verzweiflung treibt. Das bleibt auch dann gültig, wenn eine bestimmte positivistische Geisteshaltung immer noch die Illusion nährt, „dass dank der naturwissenschaftlichen und technischen Errungenschaften der Mensch als Weltschöpfer (*demiurgus*) von sich allein aus dahin gelangen könne, sich der völligen Herrschaft über sein Schicksal (*fortuna*) zu versichern" (ebd.).
Was hier angesprochen ist, findet im folgenden Abschnitt andeutungsweise dort nochmals Erwähnung, wo der Verlust der Konvergenz in der Wahrheit, ja das Interesse an der grundlegenden Wahrheitsorientierung des Menschen zumal im Hinblick auf die Dogmatik und die Moraltheologie zur Sprache gebracht werden.

Vom Standpunkt der Theologie aus

War zunächst von den Standorten und Aufgaben der Philosophie die Rede, so folgt sinnvollerweise ein Blick auf den anderen Gesprächspartner, die Theologie und ihre aktuellen Aufgaben. Dabei ist freilich zu beachten, dass hier manches aus anderem Gesichtswinkel wiederholt wird, was bereits zuvor im Kapitel VI besprochen wurde.

(1) **Doppelte Aufgabe:** Die Aufgabe, der sich die Theologie zu stellen hat, hat ein doppeltes Gesicht. Einmal muss die Theologie im Sinne des 2. Vatikanischen Konzils den Erwartungen vieler Zeitgenossen entsprechen und sich um eine vertiefte, verständlichere Gestalt der Verkündigung bemühen. Diesen Auftrag hatte die Theologie zu allen Zeiten zu erfüllen. Er ist aber von Papst Johannes XXIII. (1881-1963) in der Eröffnungsrede zum Konzil erneut angesprochen worden.
Papst Johannes Paul II. lenkt nun seinerseits die Aufmerksamkeit fast noch stärker auf die andere Seite des Auftrags, über der Bemühung um

---

[51] Vgl. dazu einmal die genauen Analysen von *G. M. Hoff* in seiner in A. 4 genannten Habilitationsschrift, sodann auch kritisch *S. Wendel,* Von der Postmoderne zurück zur Moderne. Adornos Kritische Theorie als Anknüpfungspunkt für eine Theologie der späten Moderne: *Orientierung* 63 (1999) 151-157.

ein zeitgerechtes Verständnis und eine entsprechende Sprache nicht das Bemühen um die letzte Wahrheit zu vernachlässigen und sich gleichsam mit dem Erreichen von Zwischenstadien zu begnügen (vgl. Nr. 92). Gerade für diese zweite Seite ihres Auftrags aber bedarf nach Ansicht des Papstes die Theologie der Hilfe der zuvor in ihren Zielvorgaben beschriebenen Philosophie.

Beiläufig wird hier angemerkt, dass die Überzeugung von einer allgemein gültigen Wahrheit keine Quelle von Intoleranz darstellt; vielmehr ist diese Überzeugung „die notwendige Voraussetzung für einen ehrlichen und glaubwürdigen Dialog" (ebd.).

(2) **Durchbruch zur Glaubenwahrheit:** Hauptziel der Theologie ist es, „das Verständnis der Offenbarung und den Glaubensinhalt (*Revelationis intellectus fideique doctrina*) darzulegen" (Nr. 93). Das Geheimnis der „*kenōsis* Gottes" erschließt sich aber – wie zuvor in Nr. 65 ausgeführt – im Gang vom *auditus fidei* zum *intellectus fidei*, vom Hören zum Verstehen des Glaubens. Damit lenkt der Papst noch einmal den Blick auf den Weg vom Umgang mit den Texten der Heiligen Schriften zu deren Entfaltung im Verständnisprozess der Kirche. Es ist aber dann zu beachten, dass in den beiden grundlegenden Bereichen der Theologie – der biblischen und der systematischen Theologie – die Doppelgestalt des Auftrags ihren je eigenen Ausdruck findet.

(a) Bedeutung und Wahrheit: Für den Umgang mit den Quellen der Theologie erfolgt der Hinweis auf die Unterscheidung von Bedeutung und Wahrheit der Texte. Bei aller notwendigen Beschäftigung mit den „Bedeutungen" von Texten muss sich der Theologe stets fragen, „welches die tiefe und unverfälschte Wahrheit ist, die die Texte, freilich in den Grenzen der Sprache, mitteilen wollen" (Nr. 94). Folglich kann die Befassung mit den heiligen Texten auch nicht bei einer „Nacherzählung" einfacher historischer Begebenheiten oder der Erschließung reiner Fakten stehen bleiben, vielmehr ist die mit diesen gegebene Bedeutung „*in der und für die Heilsgeschichte*" herauszuarbeiten. Hier ist die Theologie auf die philosophischen Erörterungen über Faktum und Bedeutung und deren Verhältnis zum Sinn der Geschichte angewiesen.[52]

Was für den exegetischen Umgang mit der biblischen Sprache gilt, gilt

---

[52] Vgl. zu diesen Erörterungen auch *E. Lévinas,* Jenseits des Buchstabens. Bd. 1: Talmud-Lesungen. Frankfurt 1982.

auch für die Begrifflichkeit der dogmatischen Aussagen. Bei aller Rückbindung an konkrete Sprachen und zeitgebundene kulturelle Einflüsse geht es stets um die bleibende und endgültige Wahrheit:

> Es erhebt sich also die Frage, wie sich die Absolutheit und Universalität der Wahrheit mit der unvermeidlichen Abhängigkeit der sie wiedergebenden Formeln von Geschichte und Kultur versöhnen lassen. (Nr. 95)

Eine historizistische Lösung kommt für den Papst nicht in Frage. Nach seiner Ansicht ist die Anwendung einer Hermeneutik, „die für den metaphysischen Anspruch offen ist, in der Lage zu zeigen, wie sich von den historischen Umständen und Zufällen her, unter denen die Texte gereift sind, der Übergang zu der von ihnen zum Ausdruck gebrachten Wahrheit vollzieht, die diese Abhängigkeiten hinter sich lässt":

> Der Mensch vermag mit Hilfe seiner begrenzten geschichtlichen Sprache Wahrheiten auszudrücken, die das Sprachereignis transzendieren. Denn die Wahrheit kann niemals auf die Zeit und die Kultur beschränkt werden; sie ist in der Geschichte zu erkennen, übersteigt aber diese Geschichte. (Ebd.)

Daraus ergibt sich ein Weiteres: Auch wenn Worte in verschiedenen Kulturen und Epochen ihren unterschiedlichen Sinn haben, so ist doch die Frage nach der Kommunikabilität zwischen den Zeiten und Kulturräumen zu stellen. Die Fähigkeit des heutigen Menschen, zu verstehen, was Menschen der Vergangenheit gedacht und gemeint haben, beweist tatsächlich zugleich, dass „bestimmte Grundbegriffe durch die Entwicklung und die Vielfalt der Kulturen hindurch ihren universalen Erkenntniswert und somit die Wahrheit der Sätze, die sie ausdrücken, bewahren" (Nr. 96). Damit ist das heute immer wieder aufgeworfene hermeneutische Problem in der Praxis lösbar. Auch hier aber ruft der Papst nach der Hilfe der Philosophen, die das Problem der Begrenztheit und Unvollständigkeit der Sprachen und ihrer doch vorhandenen Fähigkeit, Realität auszudrücken, bedenken.

(b) Gültigkeit des Verstehens: Was im Folgenden bezüglich der systematischen Theologie ausgeführt wird, ist im Wesentlichen bereits dort referiert und erörtert worden, wo die Enzyklika vom Wechselspiel zwischen Theologie und Philosophie gehandelt hat. Es wirkt denn auch in gewissem Sinne wie ein Nachtrag oder die Wiederaufnahme einer Problemstellung. In beiden Fällen, im Verstehensprozess des Glaubens und in der Umsetzung des Verstandenen in das menschliche Verhalten, also im

Blick auf die dogmatische (Nr. 97) und die Moraltheologie (Nr. 98), tritt deutlich der Widerspruch zu den zuvor genannten zeitgenössischen Einseitigkeiten in Erscheinung, wie sie sich angesichts der postmodern genannten pluralen Lebenssituationen mit ihren Gefährdungen für eine gemeinsame, verbindliche Lebensorientierung zeigen. Wo der universal gültige Horizont gänzlich verloren geht, sind auch jene Probleme nur noch schwer zu lösen, um die trotz allem in der menschlichen Gesellschaft immer neu gerungen wird: „der Friede, die soziale Gerechtigkeit, die Familie, die Verteidigung des Lebens und der Umwelt" (Nr. 98).[53]

Abschließende Überlegungen

(1) Verkündigung und Bezeugung: Gegen Ende der Enzyklika erinnert der Papst zunächst daran, dass alle theologische Arbeit im Dienste der Glaubensverkündigung und – fachlich gesagt – der Katechese steht (vgl. Nr. 99). Damit wird noch einmal der Gesichtspunkt unterstrichen, von dem her der Theologe Philosophie treibt und mit ihr in einen Diskurs eintritt: Alles, was in dieser Welt existiert, somit auch der denkende und philosophierende Mensch selbst, steht für den Theologen grundsätzlich im Horizont Gottes. Die Katechese aber, die sich – vielleicht wie kaum ein anderes theologisches Fach – unmittelbar und direkt mit dem Adressaten der Botschaft befasst, kommt ohne Beachtung der philosophischen Implikationen, ohne Anthropologie und Wissen um die Sprache, ohne ständige Verbindung von Leben und Lehre in der Vermittlung der christlichen Botschaft nicht aus. Hier aber geht es um die Wahrheit, die den Menschen rettet und befreit.

---

[53] *J. Ratzinger* verdeutlicht im Zusatzteil seiner Paderborner Rede den Wechsel modernen Denkens auch am Begriff des Gewissens; vgl. *IkZ* (A. 41) 298: „Die Einheit des Menschen hat ein Organ: das Gewissen ... Hier stehen sich allerdings heute zwei konträre Gewissensbegriffe gegenüber, die freilich meist einfach ineinander geschoben werden. Für Paulus ist das Gewissen das Organ der Transparenz des einen Gottes in allen Menschen, die *ein* Mensch sind. In der Gegenwart hingegen erscheint das Gewissen als Ausdruck für die Absolutheit des Subjekts, über das hinaus es im Sittlichen keine Instanz mehr geben kann. Das Gute als solches ist nicht wahrnehmbar. Der eine Gott nicht vernehmbar. Was Moral und Religion angeht, ist das Subjekt die letzte Instanz. Das ist logisch, wenn die Wahrheit als solche unzugänglich ist. So ist im neuzeitlichen Gewissensbegriff das Gewissen die Kanonisierung des Relativismus, der Unmöglichkeit gemeinsamer sittlicher und religiöser Maßstäbe, wie es umgekehrt für Paulus und die christliche Tradition die Gewähr für die Einheit des Menschen und die Vernehmbarkeit Gottes, für die gemeinsame Verbindlichkeit des einen und gleichen Guten gewesen war."

Theologisch bleiben der Dienst an der Verkündigung und die Verankerung im Horizont des Wortes Gottes bestimmend. Dass die Theologie daher nicht ohne kirchlichen Bezug, somit ohne Kirchlichkeit betrieben werden kann (Nr. 101), dass sie im Bemühen um das Verständnis des Wortes Gottes zugleich der Menschenwürde dient (Nr. 102), dass, wo in heutiger Zeit das Evangelium verkündet wird, Evangelisierung stets auch „Evangelisierung der Kultur(en)" bedeutet (Nr. 103), dass „das philosophische Denken ... oft das einzige Terrain für Verständigung und Dialog mit denen [ist], die unseren Glauben nicht teilen", dass die heutigen Menschheitsprobleme – Probleme der Umwelt, des Friedens, des Zusammenlebens von Rassen und Kulturen – nur im ehrlichen Zusammenspiel von Christen, Anhängern und Gläubigen anderer Religionen und allen, „denen die Erneuerung der Menschheit am Herzen liegt, selbst wenn sie keinen religiösen Glauben teilen" (Nr. 104), zu lösen sind – all das sind Themen, die hier noch einmal anklingen.

(2) Adressaten: In diesem Zusammenhang spricht der Papst dann auch bewusst erneut die wirklichen Adressaten seiner Enzyklika an, die sich nicht im eingangs genannten Kollegium der Bischöfe erschöpfen:

- *Theologen:* Sie sollen sich bemühen, „die metaphysische Dimension der Wahrheit wiederzugewinnen und sie besser herauszustellen" und sodann „in einen kritischen und anspruchsvollen Dialog einzutreten sowohl mit dem philosophischen Denken unserer Zeit wie auch mit der gesamten philosophischen Tradition, ob sie nun im Einklang mit dem Wort Gottes oder aber im Gegensatz zu ihm steht" (Nr. 105). Dabei gehören im Sinne des *Itineratium mentis ad Deum* (= Reise des Geistes zu Gott) des heiligen Bonaventura Spiritualität und Denken zusammen. Es sollte klar sein, dass

>„Lesung ohne Reue,
>Erkenntnis ohne Frömmigkeit,
>Suchen ohne den Überschwang des Staunens,
>Klugheit ohne die Fähigkeit zur Hingabe an die Freude,
>Tätigkeit, losgelöst von der Religiosität,
>Wissen, getrennt von der Liebe,
>Intelligenz ohne Demut,
>Studium ohne den Halt der göttlichen Gnade,
>Nachdenken ohne die von Gott inspirierte Weisheit –
>dass all das nicht ausreicht" (*Prologus* 4; Nr. 105).

Besonderen Einsatz gerade auch im philosophischen Bereich erwartet der Papst nicht zuletzt von den für die Priesterausbildung – somit für die Verkündigung des Glaubens – Verantwortlichen. Hier wird man sich auch im deutschsprachigen Raum entsprechend Gedanken machen müssen.

- *Philosophen und Lehrer der Philosophie:* Sie sollten „den Mut haben, die Dimensionen echter Weisheit und auch metaphysischer Wahrheit des philosophischen Denkens zurückzugewinnen" (Nr. 106). Die Enzyklika äußert den Wunsch, dass die Philosophen auch heute die aus der Theologie vermittelten Anfragen des Wortes Gottes an sich heranlassen und mit ihrer rationalen Argumentation diese Fragen zu beantworten suchen. Erneut verweist sie auf den Zusammenhang von wahr und gut, von philosophischer Spekulation und unverfälschter Ethik.

- *Naturwissenschaftler:* Denen, „die uns durch ihre Forschungen wachsende Kenntnis vermitteln vom gesamten Universum und von der unglaublich reichen Vielfalt seiner belebten und unbelebten Bestandteile mit ihren komplexen atomaren und molekularen Strukturen", zeigt der Papst seine besondere Sympathie – teilweise mit Worten, die er beim 600-Jahr-Jubiläum seiner eigenen Lehrstätte, der Universität von Krakau, 1997 gefunden hat:

> Der Weg, den sie zurückgelegt haben, ist besonders in diesem Jahrhundert an Ziele gestoßen, die uns noch immer in Erstaunen versetzen. Wenn ich diesen mutigen Pionieren der wissenschaftlichen Forschung, denen die Menschheit in hohem Maße ihre derzeitige Entwicklung zu verdanken hat, meine Bewunderung und Ermutigung ausspreche, fühle ich mich gleichzeitig verpflichtet, sie aufzufordern, in ihren Bemühungen fortzufahren und dabei stets in jenem *Weisheits*horizont zu bleiben, in dem die naturwissenschaftlichen und technologischen Errungenschaften von den philosophischen und ethischen Werten flankiert sind. Diese Werte sind der charakteristische und unverzichtbare Ausdruck der menschlichen Person. Der Wissenschaftler ist sich wohl bewusst, dass „die Suche nach der Wahrheit, auch wenn sie eine begrenzte Wirklichkeit der Welt oder des Menschen betrifft, nie ans Ende kommt, sondern immer zu etwas hinüberführt, das über dem unmittelbaren Forschungsgegenstand liegt; sie führt zu Fragen, die den Zugang zum Geheimnis ermöglichen". (Nr. 106)

(3) „Im Schatten der Weisheit":[54] In seiner besonderen Verehrung für Maria endet auch diese Enzyklika – wie fast alle seine Enzykliken – mit einem Blick auf die Mutter Jesu (Nr. 108). Doch zuvor bittet der Papst alle, sich um den Menschen und sein ständiges Suchen nach Wahrheit und Sinn zu kümmern. Niemals kann der Mensch sein „absolut eigener Herr" sein, der autonom, das heißt im reinen Vertrauen auf seine eigenen Kräfte, über sich, sein Schicksal und seine Zukunft verfügen kann. Das macht nicht seine Größe aus.

> Das allein macht sie aus, dass er sich dazu entscheidet, in die Wahrheit eingepflanzt zu werden, indem er im Schatten der Weisheit sein Haus baut und dort Wohnung nimmt. Erst in diesem Horizont der Wahrheit wird er verstehen, dass seine Freiheit und seine Berufung zur Liebe und Erkenntnis Gottes gleichsam als seine höchste Selbstentfaltung voll zum Ausdruck kommen. (Nr. 107)

Wie sich das Licht der Wahrheit und der Schatten der Weisheit berühren, ist im Grunde ein Thema, das eigens zu bedenken wäre. So viel ist sicher: Viele Menschen haben heute eher den Eindruck, im Schatten als im Licht zu leben. Dass der Schatten Ort der Weisheit sein und das Licht der Wahrheit den, der ins Licht schaut, blenden kann, führt an einen Kreuzungspunkt, der genauso bedenkenswert ist wie das Datum, das Johannes Paul II. seiner Enzyklika beigegeben hat: 14. September 1998, Fest der Kreuzerhöhung.

---

[54] An diese Formel knüpft auch der Erzbischof von Lublin, *Józef Życiński*, in seinem Kommentar an, der die Enzyklika bei seiner Suche nach Sinn und Wahrheit deutlich in den heutigen Horizont einer Kultur des Wandels und ihrer Marktprinzipien stellt; vgl. Dimorare all'ombra della sapienza: Per una lettura (A. 1) 188-198.

Reaktionen und Reflexionen

Es bietet sich an, ein Jahr nach Erscheinen der „großen Enzyklika" (L. Kolakowski) in einer gewissen Zwischenbilanz nach den bisher greifbaren Reaktionen auf die Enzyklika *Fides et ratio* zumal im deutschsprachigen Raum zu fragen. Wir stoßen dabei auf Äußerungen von Bischöfen: Kardinal J. Ratzinger, Bischof W. Kasper, Bischof Kurt Krenn, Weihbischof P. Henrici,[55] auf erste Stellungnahmen von Theologen, die zumeist im Grenzbereich von Theologie und Philosophie tätig sind: M. Eckert, Alexandre Ganoczy, Hanna-Barbara Gerl-Falkovitz, Karl-Heinz Menke, Klaus Müller, Leo Scheffczyk,[56] und Philosophen wie Richard Schaeffler und Robert Spaemann[57]. Nicht nur in den Kirchenzeitungen, auch in den großen Tages- und Wochenzeitungen wie z. B.

---

[55] Zu *J. Ratzinger* vgl. A. 24 und 41, zu *W. Kasper* A. 29. *K. Krenn* hat am 17. 3. 1999 an der Philosophisch-Theologischen Hochschule der Diözese St. Pölten eine Einführung in die Enzyklika gegeben. Vom Schweizer Weihbischof in Chur, *P. Henrici SJ*, gibt es eine Mehrzahl von Äußerungen. Vgl. einmal: La Verità et la verità: Per una lettura (A. 1) 75-84 (stellenweise unter Berufung auf M. Blondel); sodann eine Stellungnahme mit der Überschrift: „Ein philosophisches Testament des Papstes", in der er den Blick auf die Selbstzitate des Papstes in seiner Enzyklika lenkt, die beweisen, wie sehr die Enzyklika in seinem eigenen Denken verankert ist. In einer weiteren Stellungnahme wägt er die positiven Anstöße gegen die „da und dort eingestreuten, aber durchaus nicht vordringlichen Warnungen" ab und betont die Situierung des Diskurses über die Philosophie innerhalb des Glaubens. Hier schließt er mit dem Satz: „Das Beste, was man wohl von dieser dem philosophischen Denken gewidmeten Enzyklika sagen kann, ist, daß sie ‚zu denken geben' wird." Schließlich gibt es noch ein Interview mit der Presseagentur Kipa, überschrieben: „Eine sehr optimistische Enzyklika". (Alle Texte aus dem Internet.)

[56] Vgl. *M. Eckert* (A. 50); *A. Ganoczy* in einem von der Akademie der Diözese Rottenburg-Stuttgart veröffentlichten Kommentar; *H.-B. Gerl-Falkovitz*, Beflügelnde Verbindung: *Rheinischer Merkur* 43 (23. 10. 1998) 30; *K.-H. Menke*, Die eine Wahrheit: ebd. 44 (12. 2. 1999) 25f.; außerdem ein Leserbrief in der *F.A.Z.* Nr. 4 (6. 1. 1999) 9; *K. Müller*, Der Papst und die Philosophie. Anmerkungen zur Enzyklika „Fides et ratio": *Herder-Korrespondenz* 53 (1/99) 12-17; *L. Scheffczyk*, Theologisches Plädoyer für die Vernunft: Forum Katholische Theologie 1/1999, 48-59; von evangelischer Seite *W. Schöpsdau*, Wozu braucht der Glaube der Vernunft?: Materialdienst des Konfessionskundlichen Instituts Bensheim 49 (6/98) 101f.

[57] Vgl. *R. Schaeffler*, „Glaube und Vernunft": Die Botschaft hören und auch verstehen (I): *Ruhrwort* 40, Nr. 44 (31. 10. 1998), 3; Eine Etappe auf dem Weg zur Wahrheit (II): ebd. Nr. 45 (7. 11. 1998) 3; *R. Spaemann*, Il circolo ermeneutico: Per una lettura (A. 1) 222-227; A. 74.

Die Frankfurter Allgemeine[58] oder *Die Zeit*[59] gab es ein unterschiedliches Echo. Die *Süddeutsche Zeitung* empfahl die Enzyklika Anfang 1999 – wie es auch in Italien geschah – als „das besondere Buch des Monats". Es gab starke Zustimmung und freundliche Worte, aber auch Häme[60] und Polemik, je nachdem, mit welcher Brille und aus welcher Perspektive die Enzyklika gelesen wurde. Eine ausführliche Auseinandersetzung vermisst man bislang sowohl im Bereich der Theologie als auch in der Philosophie. Es gab eine Reihe von Akademieveranstaltungen, auch Vorlesungsreihen.[61] Die deutsche philosophische Fachwelt außerhalb des kirchlichen Raums aber hält sich bislang eher zurück.

Wir richten im Folgenden unsere Aufmerksamkeit auf einige Punkte, die in den Reaktionen deutlich werden. Dazu gehört einmal die Einordnung des päpstlichen Schreibens in den Lebenskontext des Autors, sodann die unverkennbar kritische, stellenweise auch zwiespältige Einschätzung der Neuzeit durch die Enzyklika, schließlich der Vernunftoptimismus des Papstes.

---

[58] Vgl. u. a. *H.-J. Fischer*, „Fides et ratio": Nr. 245 (22. 10. 1998) 16; *K. Flasch*, Der Papst als Philosoph. Anmerkungen zu einem Rundschreiben Johannes Pauls II.: Nr. 295 (19. 12. 1998: Teil: Bilder und Zeiten; dazu den Leserbrief von *K.-H. Menke* [A. 56]); *P. Flores d'Arcais*, Die Frage ist die Antwort: Nr. 51 (2. 3. 1999) 47.

[59] Vgl. in derselben Nr. 44 (22. 10. 1998): *J. Ross*, Die Stimme des Papstes: 1; *O. Kallscheuer*, Wer glaubt, wird vernünftig. Die neue päpstliche Enzyklika hofft auf Metaphysik und verdrängt Gedankenfreiheit: 63.

[60] Vgl. als Beispiel *B. Schmidt*, Teddybär & Gartenzwerg. Zur Philosophie durchputzbarabwaschbarer Handlichkeit. Oder: Über Papst- und Walserdebatte 1998. Eine Schmähschrift zum Jahrtausendende. Wien 1999; zur Enzyklika: 12-16.

[61] Wir verweisen auf einige solcher Veranstaltungen, zumal sich daraus evtl. Veröffentlichungen ergeben:

* Tagung des Forschungsinstituts für Philosophie Hannover: „Wenn der Glaube nicht gedacht wird, ist er nichts" am 23./24. 4. 1999 mit den Professoren Peter Koslowski, Hannover, Jan Rohls, München, Tanjore Ramachandra Anantharam, Neu-Delhi, Eilert Herms, Tübingen, Ulrich Steinvorth, Hamburg, und Erzbischof Angelo Scola, Rom;

* Tagung der Thomas-Morus-Akademie Bensberg: „Vernunft und Glaube" im Juli 1999 mit den Professoren Walter Euler, Trier, Claus-Artur Scheier, Braunschweig, und Hans Joachim Höhn, Köln;

* Ringvorlesung der Theologischen Fakultät Fribourg im Studienjahr 1999/2000, konzipiert von den Professoren Mariano Delgado, Ruedi Imbach, Guido Vergauwen.

Angekündigt ist ein Themenheft der Tübinger *Theologischen Quartalschrift*, nach Mitteilung der Redaktion voraussichtlich H. 4/2000.

In polnischer Sprache liegt die ausführliche Dokumentation einer Tagung vom 19. bis 21. 4. 1999 in Thorn vor: *M. Grabowski* (ed.), Polska filozofia wobec encyklika *Fides et ratio* (= Die polnische Philosophie angesichts der Enzyklika *Fides et ratio*). Toruń 1999.

Zum Kontext der Enzyklika

Wo es um eine zeitgeschichtliche Einordnung von *Fides et ratio* geht, lassen sich im Augenblick zwei Deuterichtungen erkennen. Einmal wird die Frage gestellt: Ist die Enzyklika nicht zusammen mit anderen Entwicklungen innerhalb der Kirche zu lesen? Dabei steht dann weniger die Kirche im Mittelpunkt, wie sie sich heute in verschiedenen Teilen der Welt darstellt, sondern die Kirche in Rom mit ihren Richtlinien und Wegweisungen in Vergangenheit und Gegenwart. Die zweite Blickrichtung trifft stärker den Lebenskontext des Papstes selbst. Es hat sich längst der Eindruck durchgesetzt, dass in der Enzyklika mehr als in anderen päpstlich unterzeichneten Verlautbarungen die *ipsissima vox*, die ursprüngliche Stimme des Papstes, zu vernehmen ist. Wir erläutern die beiden Blickrichtungen an konkreten Beispielen.

(1) **Kirchengeschichtlicher Gesamtkontext:** Für die erste Blickrichtung mögen die Kommentare von Otto Kallscheuer in der *Zeit* und von Kurt Flasch in der *F.A.Z.* dienen. Dabei ist für Flasch die neue Enzyklika am Ende nur Ausdruck des kirchlich-päpstlichen Willens zur Restauration. Selbst in seinen leicht ironischen Eingangsbemerkungen klingt aber trotz allem Respekt durch:

> Der polnische Papst hat sich der Weltöffentlichkeit schon in vielen Rollen präsentiert – als Skifahrer und Schauspieler, als Politiker und Poet. Aber zu seinem zwanzigsten Dienstjubiläum zeigt der frühere Philosophieprofessor sich als Philosoph. Sein Rundschreiben, nicht an uns gewöhnliche Sterbliche adressiert, sondern an die „verehrten Brüder im Bischofsamt", ist kein Brief, sondern ein regelrechtes Buch. In Italien steht es auf der Bestsellerliste unter den „Sachbüchern" an erster Stelle, dort hat es sogar Umberto Eco[62] verdrängt; in Deutschland hat es weniger Aufmerksamkeit gefunden, als es verdient. Es ist ein wohl durchdachter, weit ausholender Text; manche Kommentatoren sehen in ihm das intellektuelle Testament des kranken Papstes; es handelt vom Verhältnis von Glauben und Vernunft. Es ist das Loblied der autonomen Philosophie. Aber es ist ein Lobpreis mit Widerhaken.

Kommentatoren haben es nach Flasch vor allem damit zu tun, dass der Papst die Identität der Kirche letztendlich an die Arbeit der Kirchenväter und der mittelalterlichen Denker zurückbindet und folglich auch die damals entwickelte Philosophie und keine andere meint:

---

62 Vgl. *C. M. Martini / U. Eco* (Hg.), Woran glaubt, wer nicht glaubt? Wien 1998.

Der Papst, der in den letzten zwanzig Jahren so viel getan hat, das unverwechselbare Profil seiner Kirche zu sichern, fügt ihrer Selbstdarstellung einen letzten Programmpunkt bei. Gläubige wie Nichtglaubende können für diese Klarheit dankbar sein. Sie sollten, meine ich, mit ihr sogar offen sympathisieren. Denn sowenig wie jemand wünschen kann, die evangelische Kirche Deutschlands werfe ihre „tiefe Einheit" mit Johann Sebastian Bach über Bord, so wenig kann irgendwer wünschen, dass eine so mächtige Organisation wie die katholische Kirche durch Verzicht auf ihre Defacto-Verbindung mit der spätantiken und mittelalterlichen Philosophie fundamentalistisch würde. Der Papst zeigt einleuchtend, dass die intellektuelle Orientierung von Großgruppen eine allgemein-kulturelle und dann politische Bedeutung hat. Hierin – und nicht in der beiläufigen Verwerfung von Esoterik und Befreiungstheologie – liegt die Bedeutung dieses Textes.

Als „Deklaration des traditionell-katholischen Selbstverständnisses" ist der Text für Flasch „ein Dokument von hervorragender Bedeutung", dem er zudem eine „respektable philosophische Kultur" zuspricht. Doch ist es nach ihm zunächst ein Text für Theologen und katholische Philosophen, der bei anderen Philosophen eher mit Einwänden rechnen muss. Denn das Lehrschreiben „schwankt zwischen der Eröffnung freier Forschungsräume und ihrer Verengung". Einerseits zeigt es eine „menschen- und kulturfreundliche Seite", wenn es zu freiem Vernunftgebrauch ermutigt, die Weisheit des Orients lobt und den Dialog mit nichtchristlichen Philosophen fordert; andererseits „hagelt es Verurteilungen", wobei Flasch alles zusammenträgt, was in der Enzyklika dieses Negativurteil zu untermauern scheint.

Dabei mischen sich in die historischen Urteile, die im Übrigen auch das „Bild der Neuzeit, dessen Düsternis eindrucksvoll ist", betreffen, zugleich kritische Überlegungen über das Wahrheitsverständnis, das im Verständnis Flaschs durch seine Konzeption von (aristotelisch-realistischer) Wirklichkeitserkenntnis sowie den „(durch negative Theologie nicht belästigten) Theismus", aber auch durch das Personverständnis, das „Prinzip vom verbotenen Widerspruch" u. a. verengend wirkt. Es kommt hinzu, dass nach Ansicht Flaschs das päpstliche Schreiben „Dokument eines neuen neoromantischen Medievalismus" ist. Es endet in ungelösten Fragen, unter denen die nach dem „Sinn des Lebens" hervorsticht.

Es verwundert nicht, dass kirchendistanzierte bzw. -kritische Autoren selten rein rational argumentieren, sondern vor allem emotional von den Schattenseiten der Kirchen- und Theologiegeschichte bestimmt sind. Das ist nicht anders bei Kallscheuer der Fall, der einerseits „herzerwär-

mende Passagen" entdeckt, andererseits aber die Enzyklika nicht zuletzt in den Zusammenhang mit den jüngeren kirchlichen Verlautbarungen zum Umgang mit kirchlichen Lehrverlautbarungen stellt. Auch hier wird dann die vordergründig angesagte Freiheit des Denkens in disziplinären Anordnungen – Kallscheuer konzentriert sich vor allem auf die von der Glaubenskongregation erlassene Verordnung *Ad tuendam fidei* vom 30. Juni 1998 – eher zurückgenommen. Fazit: „Gottlob verpflichtet die neue Enzyklika katholische Gläubige, ob Bischöfe oder Philosophen, zu nichts – vor allem zu keiner philosophischen Denkschule." Das heißt zugleich: Sie verpflichtet außerhalb der Kirche noch viel weniger. Ist sie aber nicht doch Anlass zu ernsthafterer Auseinandersetzung?
Zu Recht klagt Karl-Heinz Menke – ausdrücklich im Blick auf Flasch – „Fairness" ein. Eine emotionsfreiere Lektüre der Enzyklika hätte zweifellos manche leichtfertig gemachte und dann auch falsche Behauptung verhindert. Das betrifft genauso die Einordnung der Enzyklika in die Gesamtentwicklung der Kirche wie in die Biographie des Papstes und das am Ende negativ ausfallende Urteil über *Fides et ratio* im Anschluss an eher pauschale und damit zugleich einseitige bis unsachgemäße Feststellungen. Es ist billig, da, wo keine besseren Argumente einfallen, vorsorglich erst einmal Kardinal Ratzinger in die Autorschaft der Enzyklika einzubeziehen, obwohl eine genauere Beschäftigung mit dem Text gerade in diesem Punkt eher Zweifel aufkommen lässt.

(2) Lehrkontext Johannes Pauls II.: Ein anderer Ortungsversuch betrifft die Fülle päpstlicher Verlautbarungen, die der Enzyklika vorausgegangen sind und in denen der philosophische Standpunkt Johannes Pauls II. seinen Ausdruck gefunden hat.

(a) Selbstzitationen: Peter Henrici hat in einer seiner Stellungnahmen darauf hingewiesen, dass zwar Selbstzitationen zum lehramtlichen Stil gehören, die Art, wie der Papst aber hier seine früheren Aussagen in der Ich-Form ausdrücklich unterstreicht und interpretiert, ungewöhnlich ist. Henrici lenkt dann den Blick auf solche Abschnitte, wo das Gesagte besonders in Erscheinung tritt: Nr. 2, 6, 33, 60, 90, 92. In der Tat gibt es nicht zuletzt in einer Reihe von Fußnoten des Lehrschreibens auch ausführliche Wiedergaben von älteren Texten.

(b) Die Kölner Rede des Papstes – ein vergessenes Dokument?: Dem deutschen Leser fällt dann freilich mit einer gewissen Verwunderung

und mit Bedauern auf, dass ein in Deutschland nach wie vor hoch geschätztes und viel zitiertes Wort des Papstes zur gleichen Sache in der Enzyklika keine Erwähnung findet, und man fragt sich dann durchaus nach Gründen. Gemeint ist die große Rede, die Johannes Paul II. am 15. November 1980 anlässlich der 700. Wiederkehr des Todestages des hl. Albertus Magnus im Kölner Dom gehalten hat.[63] In dieser Rede, zu der vor allem Wissenschaftler und Studenten eingeladen waren, ging es – schon aus gegebenem Anlass – um das Verhältnis von Wissenschaft und Kirche, Vernunft und Glaube, und das im Blick auf die Gesprächspartner aus Naturwissenschaften, Philosophie und Theologie. Der Papst sah in dem Zusammentreffen selbst „ein Zeichen der Gesprächsbereitschaft zwischen Wissenschaft und Kirche" (Nr. 2), die Rede aber beschäftigte sich ihrerseits ausführlich mit derselben Thematik, der die Enzyklika *Fides et ratio* gewidmet ist. Da, soweit ich es übersehe, bislang weder Kritiker noch Sympathisanten der Enzyklika die Kölner Rede dem Kontext des Lehrschreibens zugeordnet haben, ist es sinnvoll, einen Bogen zwischen dieser großen Rede und der Enzyklika zu schlagen.

(c) Schwerpunkte der Kölner Rede: Das Albertus-Jubiläum war Anlass, Albertus Magnus, seine Zeit und sein Werk zum Ausgangspunkt zu nehmen.

- *Albertus Magnus:* Albert der Große steht in der Tat für einen zeitgeschichtlichen Wechsel, in dem im christlichen Abendland eine umfassende nichtchristliche Welterklärung zutage trat, „die sich nur auf profane Rationalität stützt". In dieser Situation ging er selbst einen „mittleren Weg":

> Der Wahrheitsanspruch rational begründeter Wissenschaft wird anerkannt; ja, sie wird inhaltlich übernommen, ergänzt, korrigiert und weiterentwickelt in ihrer eigenständigen Rationalität. Eben dadurch wird sie zum Eigentum der christlichen Welt. Diese findet so ihr Weltverständnis ungemein bereichert, aber sie muss kein Wesenselement ihrer Tradition oder gar die Glaubensgrundlage aufgeben. Denn zwischen einer Vernunft, welche durch ihre gottgegebene Natur auf Wahrheit angelegt und zur Erkenntnis der Wahrheit befähigt ist, und dem Glauben, der sich der gleichen göttlichen Quelle aller Wahrheit verdankt, kann es keinen grundsätzlichen Konflikt geben. Der Glaube bestätigt gerade das Eigen-

---

[63] Der Text der Rede findet sich in der Arbeitshilfe 86: Theologie und Kirche. Dokumentation. 31. März 1991, hg. vom *Sekretariat der Deutschen Bischofskonferenz*. Bonn 1991, 57-65. Römischen Dokumenten entsprechend, ist die Rede durchnummeriert; die folgenden Nr.-Angaben im Text beziehen sich auf die Kölner Rede.

recht der natürlichen Vernunft. Er setzt es voraus; denn seine Annahme setzt jene Freiheit voraus, die nur dem Vernunftwesen eigen ist. (Nr. 2)

Ähnlich wie in der Enzyklika spricht der Papst auch in der in deutscher Sprache gehaltenen Rede von den eigenständigen Erkenntnisbereichen, aber auch von der Endlichkeit sowohl in der wissenschaftlichen wie in der philosophischen und theologischen Erkenntnis, genauer: von „endlichen Bemühungen, welche die Einheit der Wahrheit nur in der Unterschiedlichkeit, also in einem offenen Ordnungsgefüge darstellen können". Wie es in der Enzyklika im Hinblick auf Thomas von Aquin zu verstehen ist, heißt es im Blick auf Albert:

> Alberts Werk ist inhaltlich zeitgebunden und gehört insofern der Geschichte an. Die von ihm erbrachte „Synthese" behält exemplarischen Charakter, und wir tun gut daran, ihre Grundsätze im Gedächtnis zu behalten, wenn wir uns den gegenwärtigen Fragen von Wissenschaft, Glaube und Kirche zuwenden. (Ebd.)

- *Schatten der Geschichte und Ambivalenz des Fortschritts:* Deutlicher als in der Enzyklika spricht der Papst in der Kölner Rede von der „Belastung" und den „berühmten Konflikten, die aus dem Eingriff kirchlicher Instanzen in den Prozess naturwissenschaftlichen Erkenntnisfortschritts entstanden sind", und er fügt an:

> Die Kirche erinnert sich daran mit Bedauern, denn wir wissen heute um die Irrtümer und Mängel dieser Verfahren. Wir können sagen, dass sie heute überwunden sind: dank der Überzeugungskraft der Wissenschaft, dank vor allem der Arbeit einer wissenschaftlichen Theologie, welche das Glaubensverständnis vertieft und von Zeitgebundenem befreit hat. (Nr. 3)

Vor diesem Hintergrund wird dann auch hier die Zwiespältigkeit der wissenschaftlichen und technischen Fortschritte nicht verschwiegen, auf der einen Seite der Fortschritt wissenschaftlicher Erkenntnis, „Motor eines allgemeinen kulturellen Fortschritts" genannt, auf der anderen Seite wird auf die gefährlichen und verderblichen Folgen im Bereich der Ökologie hingewiesen, aber auch auf die Gefahr der Manipulation des Menschen, „zu Zwecken ökonomischer und politischer Herrschaft missbraucht zu werden", wobei dann gilt: „Als ‚Erkenntnis' gilt dann, was zum Erfolg führt" (ebd.).[64] Die Wissenschaft versteht sich zusehends als

---

[64] Vgl. zur Fragwürdigkeit des Fortschrittsglaubens auch *K. Borchard / H. Waldenfels* (Hg.), Zukunft nach dem Ende des Fortschrittsglaubens. Brauchen wir neue Perspektiven? (= Grenzfragen 25). Freiburg/München 1998.

bloße Funktion, „der Gedanke der Wahrheit wird dann entbehrlich, ja, es wird zuweilen ausdrücklich auf ihn verzichtet". In der Konsequenz dieses Denkens liegt dann die Einsicht:

> Die Vernunft erscheint schließlich als bloße Funktion oder als Instrument eines Wesens, das den Sinn seines Daseins außerhalb von Erkenntnis und Wissenschaft, womöglich im bloßen Leben hat.

Wo aber die Kultur in allen Bereichen von einer weithin funktionalistisch verfahrenden Wissenschaft durchdrungen ist, sind auch die Werte und Normen, ja die ganze Orientierung gefährdet. Wo dann die Wissenschaft an ihre Grenze stößt, ist zu Recht die Rede von einer „Legitimationskrise der Wissenschaft" und „einer Orientierungskrise unserer gesamten wissenschaftlichen Kultur". Hier holt dann die von den Wissenschaften nicht beantwortbare Frage den Menschen, auch den wissenschaftlich denkenden und handelnden Menschen, ein. Zudem besteht die Gefahr, dass sich die Wissenschaftsgläubigkeit in Wissenschaftsfeindlichkeit umkehrt, dass in das von einer funktionalistischen, wertfreien und wahrheitsentfremdeten Wissenschaft geschaffene Vakuum Ideologien einbrechen, die ihrerseits sich der Wissenschaft funktionalistisch bedienen, und dass eine sinnblinde Wissenschaft schließlich der Unfreiheit verfällt. Für den gläubigen Wissenschaftler gilt hier:

> Er wird sich unmittelbar oder mittelbar der Aufgabe stellen müssen, Verfahren und Zielsetzung der Wissenschaft unter dem Aspekt der Sinnfrage ständig neu zu überprüfen. Wir sind mitverantwortlich für diese Kultur, und wir sind aufgefordert, an der Bewältigung der Krise mitzuwirken. (Nr. 3)

• *Nicht Vorsicht und Zurückhaltung – Mut und Entschlossenheit:* Auch wenn die Situation von Wissenschaft und kulturellem Fortschritt von Ambivalenz gekennzeichnet ist, möchte der Papst in einem weiteren Schritt nicht „zu Vorsicht und Zurückhaltung" raten, sondern „zu Mut und Entschlossenheit" (Nr. 4). Auch in den modernen Entwicklungsprozessen sieht er durchaus die Wahrheit am Werk, erkennt er Sinn und Verbesserung der menschlichen Lebensverhältnisse. Bei allen Negativfolgen sind die positiven Seiten der Entwicklung nicht zu verleugnen.

Entscheidend ist das Menschenbild, das alle wissenschaftlichen und technischen Entwicklungen bestimmt. Das gilt auch, wo der Mensch selbst als ein Stück „Natur" zum Forschungsgegenstand wird. Nicht zu über-

sehen ist aber dann, wie sehr das Zusammenwirken der verschiedensten Wissenschaften, der Natur-, aber auch der Human-, Sozial- und Kulturwissenschaften, der Philosophie und Theologie, das öffentliche wie private Leben der Menschen, die soziale und kulturelle Lebenswelt prägt bzw. mitprägt, aber das eben keineswegs nur negativ.
Ausdrücklich stellt Johannes Paul II. in seiner Kölner Rede fest, dass die personale Würde des Menschen und ihre maßgebende Bedeutung nicht erst durch den Glauben einsehbar werden, sondern bereits einer natürlichen Vernunft nicht verschlossen sind, „die wahr und falsch, gut und böse unterscheidet und die Freiheit als Grundbedingung menschlichen Daseins erkennt" (ebd.). Im Übrigen mehren sich nach Ansicht des Papstes die Stimmen, „die sich mit der immanentistischen Beschränkung der Wissenschaften nicht zufrieden geben wollen und die nach der einen ganzen Wahrheit fragen, in der sich das menschliche Leben erfüllt"; die „alte Frage nach dem Zusammenhang von Wissen und Glauben ist durch die Entwicklung der modernen Wissenschaften nicht überholt".

- *In sich selbst sinnvolle Wahrheit:*[65] Die Kölner Rede schließt mit einem Abschnitt, in dem daran erinnert wird, dass die Wissenschaften nicht allein von den verschiedenen Zwecken her zu beschreiben sind, in deren Dienst sie stehen, sondern dass die Erkenntnis der Wahrheit ihren Sinn in sich selbst trägt (vgl. Nr. 5). Deshalb ist auch die „Theorie" nicht – wie es in unserer Zeit häufig geschieht – der „Praxis" unterzuordnen, sondern vielmehr selbst als eine Weise menschlicher „Praxis" anzusehen. Diese Sicht der Dinge ist schon deshalb zu betonen, weil die Wissenschaft nur da frei ist, wo sie allein der Wahrheit verpflichtet ist und folglich nicht bestimmten Funktionen untergeordnet wird. Für den Papst gehört die „Dreiheit von personaler Vernunft, Freiheit und Wahrheit" zusammen; in ihr ist die Vielfalt konkreter Vollzüge begründet und bewahrt.

Was für die Wissenschaft im Allgemeinen gilt, ist bedenkenlos auch auf die Glaubenswissenschaft zu übertragen, die gleichfalls im Horizont einer so verstandenen Rationalität zu sehen ist. Diese Einstellung ist auch dann zu vertreten, wenn es angesichts der Endlichkeit menschlicher Vernunft immer wieder zu Spannungen und Konflikten kommen kann und kommt.

---

[65] *E. Jüngel* hat im selben Sinne seinen III. Band „Theologischer Erörterungen" mit dem paradox klingenden Titel überschrieben: Wertlose Wahrheit (München 1990).

Die Rede schloss mit dem Ausblick auf das Ringen um einen neuen Humanismus in das kommende Jahrtausend hinein und mit dem Aufruf zur Tapferkeit, „die in einer zweifelnden, der Wahrheit entfremdeten und sinnbedürftigen Welt die Wissenschaft verteidigt", und zur Demut, „mit der wir die Endlichkeit der Vernunft vor der sie übersteigenden Wahrheit anerkennen" – beides Tugenden Alberts des Großen (vgl. Nr. 5).

(d) Im Vergleich: Verständlicherweise fällt eine Rede knapper aus als eine geschriebene Reflexion. Die Kölner Rede öffnet nicht die ganze Weite des geschichtlichen Horizonts, sondern konzentriert sich im Anfang auf Zeit und Gestalt Alberts des Großen. Größe und Endlichkeit vernünftigen Denkens und Handelns, wissenschaftlicher Fortschritt, sein Segen und seine Gefahr für den Menschen und die menschliche Gesellschaft, die Gefahr der Funktionalisierung zuungunsten des Wahrheitsinteresses und der Sinnorientierung – das sind Gesichtspunkte, die beide Dokumente verbinden.
Es gibt aber dann einige Unterschiede, die für das anschließende Gespräch nicht ohne Bedeutung sind:
- Die Rede spricht von Anfang an die Gesprächspartner – Wissenschaftler und Philosophen und dann auch die Theologen – unmittelbar an. Folglich wird – im Gegensatz zur Enzyklika – unmittelbar *mit* ihnen, weniger *über* sie gesprochen.
- Licht und Schatten der Geschichte, aber auch der Geschichte der Kirche kommen in der Kölner Rede ausdrücklicher zur Sprache und schaffen damit ein eher gleiches Niveau, auf dem sich Kirche und Wissenschaft in der Welt treffen können, ohne dass damit der Anspruch auf den je eigenen Erkenntnisansatz bestritten würde. Die Enzyklika erinnert zwar an Galilei, doch auch dort im Grunde nicht an das überholte Denken der Kirche.
- In zwei Dingen geht die Enzyklika freilich über die Kölner Rede hinaus: Durch die starke Betonung der Kirchenväter erfolgt bei allem Respekt vor den mittelalterlichen Größen doch zugleich eine deutlichere Relativierung, die in der Feststellung ihre Fortsetzung findet, dass die Kirche keine eigene Philosophie habe. Zugleich erfolgt da, wo von den Anforderungen der Inkulturation die Rede ist und schon um ihretwillen wiederholt an das Weisheitsgut der Völker erinnert wird, eine Blicköffnung über die Geschichte des Abendlandes und Europas hinaus, die in der Kölner Rede so noch nicht gegeben war.

- Damit erhält die Zeitdiagnostik in der Enzyklika eine erweiterte Grundlage, die schon deshalb, weil wir uns nach wie vor im Prozess unserer Zeit befinden, von einer gewissen Unschärfe geprägt ist.

Zur Analyse der Neuzeit

(1) Ein gebrochenes Bild: Klaus Müller merkt in seinem Kommentar an, dass die Neuzeitkritik der Enzyklika hinsichtlich des zentralen Begriffs dieser philosophischen Epoche „auffällig gebrochen" sei.[66] Ob man es für berechtigt hält oder nicht, man muss zur Kenntnis nehmen, dass die Enzyklika in ihrer Beurteilung der Gegenwart eher von einer kritischen Einstellung bestimmt ist. Es kommt hinzu, dass der selbstkritische Ton und das Bewusstsein, selbst am Aufkommen der kirchen- und christentumsfeindlichen Entwicklungen beteiligt gewesen zu sein, weithin vermisst wird. Damit fällt der Eindruck der Brüche auf die europäische Gesellschaft zurück, der gegenüber die Kirche und ihre Entwicklung in Distanz gesehen werden.
Unbeschadet der eher pauschalen Kritik an der modernen Philosophie (z. B. Nr. 51) wird allerdings auch wahrgenommen, dass die Enzyklika dem „Kerngedanken der Vernunft-Autonomie Respekt gezollt" hat. Dass sich dabei zugleich offensichtlich eine offenere Annäherung an neuzeitliches Denken zeigt, als es viele wahrhaben wollen, findet auch nach K. Müller seine Bestätigung in der Tatsache, dass die Enzyklika bei aller Hochachtung vor dem hl. Thomas „der Sache nach und in ihrer Tiefenstruktur nicht dem thomanischen Paradigma folgt, sondern dem dialektischen des Anselm von Canterbury". Es ist eben nicht so, wie es kirchenkritische Leser nach oberflächlicher Lektüre meinen feststellen zu sollen, dass die Enzyklika im Grunde nichts anderes propagiert als die simple Rückkehr zu Denkpositionen kirchlicher Tradition.

(2) Offenheit für neuzeitliches Denken: An dieser Stelle lohnt es sich, noch einmal zur Nr. 59 zurückzukehren, wo es nach der lobenden Nennung der Beschäftigung mit dem Aquinaten heißt, dass in unserer Zeit „die thomistische und neothomistische Erneuerung … nicht das einzige

---

[66] Vgl. *K. Müller* (A. 53) 14, die nächsten Verweise mit Seitenzahlen im Text beziehen sich auf diesen Kommentar.

Zeichen einer Wiederaufnahme des philosophischen Denkens in die christlich geprägte Kultur" war:

> Schon vor der Aufforderung Papst Leos (XIII. – H. W.) und parallel zu ihr waren zahlreiche katholische Philosophen aufgetreten, die an jüngere Denkströmungen angeknüpft und dabei nach ihrer eigenen Methode philosophische Werke von großem Einfluss und bleibendem Wert hervorgebracht hatten. Darunter befanden sich einige, die Synthesen von solchem Profil entwickelten, dass sie den großen Systemen des Idealismus in nichts nachstanden; wieder andere legten die erkenntnistheoretischen Grundlagen für eine neue Behandlung des Glaubens im Lichte eines erneuerten Verständnisses des moralischen Gewissens; noch andere schufen eine Philosophie, die, ausgehend von der Analyse des Innerweltlichen, den Weg zum Transzendenten eröffnete; und schließlich gab es auch jene, welche die Forderungen des Glaubens im Horizont der phänomenologischen Methode anzuwenden versuchten. Von verschiedenen Perspektiven her hat man also fortwährend Formen philosophischer Spekulation hervorgebracht, die die großartige Tradition christlichen Denkens in der Einheit von Glaube und Vernunft lebendig erhalten wollten. (Nr. 59)

Mit guten Gründen macht Müller darauf aufmerksam, dass die hier eher in allgemeiner Form genannten Positionen später in Nr. 74 in der Nennung konkreter Namen deutlicheres Profil erhalten:

> Für das dem Idealismus gewachsene Denken steht *Antonio Rosmini*, für die epistemologische Neubehandlung des Glaubens aus der Gewissensperspektive *John Henry Newman*, für die transzendenz-sensible Immanenzanalyse stehen *Jacques Maritain* und *Etienne Gilson* (was bei Letzterem nicht unbedingt einleuchtet); gleichzeitig dürfte es kein Zufall sein, dass in diesem Zusammenhang ausgerechnet der Name *Maurice Blondel* fehlt, mit dem sich wie mit keinem anderen das Projekt der so genannten Immanenzapologetik verbindet, d. h. die Idee, in der Verfassung des Menschen mit rein philosophischen Mitteln eine Hingeordnetheit auf mögliche Offenbarung freizulegen. Der Hinweis auf die Phänomenologie zielt natürlich auf *Edith Stein*. (14f.)

Die Gebrochenheit der Einstellung zur Neuzeit dürfte es aber dann nicht nur mit der schon erwähnten zurückhaltenden kirchlichen Selbstkritik zu tun haben, sondern mehr noch damit, dass sich in der Neuzeit selbst Brechungen zeigen, die im Raum der Kirche nicht unwirksam bleiben können. Im Übrigen gehören Brechungen zum Ablauf der Geschichte.
Auf die in der Entwicklung der Neuzeit selbst in Erscheinung tretende Brechung macht die Enzyklika schon dadurch aufmerksam, dass sie das Auftreten der Postmoderne in Nr. 90 zumindest zur Kenntnis nimmt.

Die Wirksamkeit dieses vielschichtigen und vielgesichtigen Phänomens wird schließlich überall da spürbar, wo das Phänomen der Pluralität und Perspektivität den Ruf nach einer allgemein gültigen Wahrheit, nach allgemein gültigen ethischen Normen und am Ende auch die Fähigkeit zur weltumfassenden Kommunikation in Frage zu stellen droht. Unbestritten ist in diesem Zusammenhang auch von einer „gebrochenen Identität des abendländischen Christentums" zu sprechen, wie überhaupt die Frage der Identität sich im Kontext von Pluralismus und Säkularisierung ganz neu stellt.[67]
Mit K. Müller ist zuzugeben, dass die Analyse der Gegenwart nicht zuletzt daran leidet, dass die Philosophie des 20. Jahrhunderts mit Ausnahme der genannten Namen kein Gesicht erhält. Sie verdient aber, wie die Vergangenheit so beschrieben zu werden, dass nicht nur eine Verlustrechnung aufgemacht wird, sondern auch jene Impulse Profil erlangen, die in der heutigen Welt zukunftsweisend sind.

(3) **Der „letzte, umfassende Sinn":** Angesichts der sich auflösenden Konzentration auf die eine Wahrheit und den einen umfassenden Sinn in einer Zeit pluraler Denkansätze, Weltanschauungen und Religionen erhält die Frage des gültigen, weil zielstrebigen Denkansatzes neue Brisanz. Müller selbst lenkt in seiner Stellungnahme die Aufmerksamkeit auf jene Stellen, die das heutige Bemühen um die Überwindung der Sinnkrise unterstützen und auf einer Philosophie bestehen, die für die „Möglichkeit eines letzten und umfassenden Sinnes" (Nr. 81) eintritt.
Drei Kriterien nennt er im Anschluss an die Enzyklika im Hinblick auf das erforderliche Projekt: (1) eine Philosophie in Übereinstimmung mit dem Worte Gottes, die die spezifische Weisheitsdimension dadurch zurückgewinnt, dass sie die Möglichkeit eines letzten und umfassenden Sinnes in den Blick nimmt, (2) einen epistemischen Realismus, der an einer Erkenntnis der Wirklichkeit in ihrem Ansichsein festhält, (3) eine „wahrhaft metaphysische Tragweite", wobei unter „Metaphysik" aber keine bestimmte Denkrichtung verstanden wird, sondern die Offenheit für ein Transzendieren des Empirischen gefordert wird (vgl. 16).
Das Hauptinteresse richtet sich dabei auf das erste Kriterium. Hier geht es um die Frage, wie die Vernunft zu einem *Begriff* eines letztgültigen

---

[67] Vgl. dazu meinen Beitrag in: *W. Gephart / H. Waldenfels* (Hg.), Religion und Identität. Im Horizont des Pluralismus (= suhrkamp taschenbuch wissenschaft 1411). Frankfurt 1999, 105-124.

Sinns gelangt, weil anders keine Entscheidung darüber möglich ist, was denn nun den letzten Sinnanspruch erheben kann und was nicht bzw. was diesen Anspruch legitimerweise nicht erheben darf und kann. Zu Recht wird in diesem Zusammenhang der zuvor schon mehrfach zitierte Satz der Nr. 84 zu einem Schlüssel:

> Die Auslegung dieses Wortes (d. h. des Wortes Gottes – H. W.) darf uns nicht nur von einer Interpretation auf die andere verweisen, ohne uns je dahin zu bringen, ihm eine schlichtweg wahre Aussage zu entnehmen; andernfalls gäbe es Offenbarung Gottes nicht, sondern nur die Formulierung menschlicher Auffassungen über Ihn und über das, was Er wahrscheinlich von uns denkt.

In dieser Sache dürfte im Rahmen katholischen Denkens sicherlich Konsens zu finden, im Grunde zu fordern sein. Ob und wieweit freilich der Weg zur Begründung dieses Standpunkts seinerseits wieder plural ist und bleibt, dürfte weiterhin umstritten bleiben. Leicht zu erkennen ist, dass auch keine im katholischen Raum sich entwickelnde Denkschule sich ausdrücklich auf die Enzyklika berufen kann. Ein wichtiges Moment der Bestätigung für die Plausibilität und Überzeugungskraft von Argumenten, die im kirchlich-theologischen Raum ausgetauscht werden, ist im Übrigen weniger die binnenkirchliche Resonanz als ihre Rezeption und Diskussion in der weltlichen Öffentlichkeit.

Deshalb ist es auch angebracht, in einem letzten Schritt auf die Resonanz solcher Denker und Philosophen zu achten, die unabhängig von kirchlichen Institutionen und Bindungen entweder direkt auf die Enzyklika reagiert haben oder aber doch in dem dort diskutierten Gedankenfeld tätig sind. Gerade weil selbst in kirchlichen Institutionen, Fakultäten und Hochschulen Beschäftigte im Weg zwischen kirchlicher Loyalität und freiem Denken immer wieder eine Gratwanderung erblicken und zugleich um das Misstrauen in der „Welt" frei denkender Menschen wissen, ist die Rede von „christlicher Philosophie" heute eher weithin verpönt.[68] Wir schenken daher im Folgenden auch vorrangig solchen Denkern Beachtung, die gleichsam in dem der Kirche „gegenüberliegenden" Raum tätig sind.

---

68 Es ist aus diesem Grunde (aus anderen schon!) nicht verwunderlich, dass es in der von *J. Mittelstraß* herausgegebenen Enzyklopädie Philosophie und Wissenschaftstheorie I-IV. Stuttgart/Weimar 1995, zwar in Bd. III die Artikel Philosophie, buddhistische (147-157), chinesische (157-160), indische (166-181), islamische (182-185), jainistische (185-190), japanische (190-201) und jüdische (201-205) gibt, aber keinen Artikel Philosophie, christliche.

Vernunft und Religion:
Zur heutigen gesellschaftlichen Diskussion

Zwei Dinge seien abschließend zur Sprache gebracht: einmal das unübersehbare neue Interesse an Gottesfrage und Religion, das unabhängig von der Enzyklika *Fides et ratio* in der heutigen westlichen Gesellschaft wahrzunehmen ist und für das die Enzyklika ihrerseits lediglich als Signal wirken kann, sodann die Reaktion einiger repräsentativer Denker unseres abendländischen Kulturraumes. Zwar ist die Resonanz auf die Enzyklika in Deutschland aufs Ganze eher gering. Dennoch gibt es, wenn wir über die Landesgrenzen hinausschauen, einige Autoren, die sich auf die Enzyklika selbst eingelassen oder, ohne sie zu nennen, sich doch zu ihren Fragestellungen geäußert haben oder zumindest auf eigenen Wegen ähnliche Ziele verfolgen. In einem Europa der offenen Grenzen kann ein Blick über die alten Grenzen dann zugleich eine kritische Rückfrage an die deutschen Intellektuellen werden.

(1) „**Wiederkehr**" **der Religion:** In seinem Buch *Credere di credere* – auf Deutsch eher hilflos: *Glauben – Philosophieren* – spricht der Turiner Philosoph Gianni Vattimo gleich zu Beginn davon, dass er in dem kulturellen Klima, in dem er sich bewegt, insgesamt „ein Wiedererwachen des religiösen Interesses" verspürt.[69] Diese Wahrnehmung teilt er mit dem französischen Philosophen Jacques Derrida, wie ein von beiden gemeinsam herausgegebener Band beweist.[70] Dieser Band entstand aus einem Symposium auf Capri, an dem als einziger Deutscher Hans-Georg Gadamer teilnahm.

Was hier schlaglichtartig sichtbar wird, findet auch Ausdruck in einem Sonderheft des *Merkur*, das im Herbst 1999 erschien und den Titel trägt: *Nach Gott fragen. Über das Religiöse.*[71] In der Einleitung zu diesem Heft heißt es:

---

[69] Vgl. *G. Vattimo*, Credere di credere. Milano 1996; dt.: Glauben – Philosophieren (= Reclam 9664). Stuttgart 1997.

[70] Vgl. *G. Haeffner*, Morgenröte über Capri. Die Philosophen Derrida und Vattimo zur Rückkehr des Religiösen: *Stimmen der Zeit* 217 (1999, H. 10) 669-682. Haeffner knüpft mit seinem Titel an ein Gespräch zwischen beiden Philosophen u. a. an, das 1994 auf Capri stattgefunden hat und als Buch erschienen ist: *J. Derrida / G. Vattimo* (ed.), La Religione (= Biblioteca di Cultura Moderna 1082). Roma/Bari 1995.

[71] Vgl. *Merkur* 53 (H. 9/10 – Sept./Okt. 1999).

Diese Zeitschrift verfocht nie theologische Interessen. Was ist dann aber der Grund, nach Gott zu fragen in einer Zeit, wo das Ziel der Aufklärung, Gott zu dekonstruieren, allen intellektuellen Reiz verloren hat: Dass Gott tot sei, ist vom elitären Geheimnis zur gemütlichen Binsenweisheit geworden. Wenn hier zunächst danach gefragt wird, wer Gott heute theologisch ist, dann entspringt dies nicht dem verbreiteten Empfinden für mehr innerweltlichen Sinn, auf den sich die Praxis sogar der katholischen Kirche immer stärker ausrichtet; sondern die Frage entspringt der Neugierde, in welcher Weise diese geistige Urkategorie, die kulturell und institutionell immer noch Gewicht hat, heute theoretisch begründbar ist. Am Faktum des Religiösen ist nicht zu zweifeln, an der Realität Gottes schon. Vor hundert Jahren wurde der Zweifel subtil begründet. Heutzutage ist er banal. Auch deshalb, wegen dieses Umschlags der hermeneutischen Situation, ist unsere Frage – Wer ist Gott, und was ist dann das Religiöse? – für Denkende von einigem Gewicht. (769)

Ausgangspunkt dieses Heftes ist das Erstaunen darüber, wie Theologie überhaupt noch in unserer radikal säkularen, ja entchristlichten Welt möglich ist, woraus sich die konzeptionelle Beschränkung auf die Gottesfrage in den beiden christlichen Religionen ergibt. Es geht nicht um eine vergleichende Darstellung der Weltreligionen, in denen die Spannung zwischen Gott und Welt in anderer als der unseren Form gegeben ist. Dass die jüdische Tradition, der die entscheidenden christlichen Auffassungen von Gott entstammen, thematisiert werden muss, liegt auf der Hand. (771)

Die zwei Äußerungen sprechen gegen den verbreiteten Zeittrend von einem Interesse, das auf seine Weise die Enzyklika erneut zu wecken sucht. Gott und die Religion bleiben große Themen auf der Tagesordnung der Welt. Das sei abschließend an einigen Autoren erläutert.

(2) **Die Stimme von Denkern:** Wir beginnen mit einigen polnischen Denkern, die sich unmittelbar zur Enzyklika geäußert haben wie auch der polnische Philosoph Leszek Kolakowski, weisen sodann auf Robert Spaemann hin, der sowohl im oben genannten Kommentarband wie auch im zitierten *Merkur*-Heft zur Problematik Stellung bezieht, und befassen uns schließlich mit Gianni Vattimos Überlegungen. Auf seine Weise bestätigt sich dabei meine These, dass die Problematik der Enzyklika durchaus für jeden erkennbar im Raum steht, der die Sache auf sich wirken lässt und sich nicht durch eigene Vorurteile den Blick für die Sache verstellt.

(a) Polnische Stimmen:[72] Die Redaktion der philosophischen Zeitschrift *Przegląd Filozoficzny* hatte fünf Fragen vorgegeben:
(1) Was ist die Hauptbotschaft der Enzyklika?
(2) Deutet die Enzyklika auf eine neue Art und Weise den Zusammenhang von Theologie und Philosophie?
(3) Stimmt die Enzyklika mit dem Prinzip völliger wechselseitiger Unabhängigkeit von Philosophie und Theologie überein?
(4) Kann man von der Veröffentlichung der Enzyklika wesentliche Änderungen in der Lehre der katholischen Kirche erwarten?
(5) Enthält sie eine wichtige Botschaft für Nichtkatholiken?
Die Antworten der 13 Befragten – sechs Professoren bzw. Wissenschaftler der Universität Warschau, davon zwei Frauen, Dr. Bohdan Chwedeńczuk, Tadeusz Gadacz, Jacek Hołówka, Stefan Morawski, Barbara Stanosz und Dr. Magdalena Środa, sodann Jerzy W. Gałkowski, Professor der Katholischen Universität Lublin, Jan Woleński von der Jagellonen-Universität Krakau, Andrzej Grzegorczyk, Mitglied der Polnischen Akademie der Wissenschaften, Edward Nieznański von der Akademie der Katholischen Theologie Warschau, Professor Jacek Salli OP sowie zwei Bischöfe: Bronisław Dembowski von Włocławek und Erzbischof Józef Życiński von Lublin – sind nicht unwesentlich standortbestimmt. Dabei zeigt sich, dass auch die polnische Situation viel weniger homogen und von der christlichen Glaubensüberzeugung geprägt ist, als es binnenkirchlich oft vertreten wird. Die Antwortskala reicht von entschiedener Zustimmung über nüchterne Abschätzungen bis hin zu Äußerungen mit spürbar antikirchlichen bzw. zumindest kirchenkritischen Akzenten. Entscheidend aber ist hier, dass es zu Stellungnahmen kommt und die Enzyklika nicht öffentlich verschwiegen wird.
Die in anderem Zusammenhang genannten Unschärfen der Enzyklika werden auch hier genannt: Bei der Bestimmung des Adressatenkreises zeigen sich Unsicherheiten; es kommt zu Schwankungen zwischen den Bischöfen, den katholischen Denkern und allen denkenden Menschen, zumal den Philosophen; man findet aber auch das Urteil, dass gerade Letzteres nicht der Fall ist. Es wird einmal der Wunsch geäußert, dass möglichst viele Menschen die Enzyklika lesen, aber auch deutlich der Enttäuschung über sie Ausdruck gegeben, zumal die Bereitschaft zu

---

[72] Meinem Promovenden P. Jacek Staniek SChr verdanke ich sowohl die Übersetzung des in A. 40 erwähnten Beitrags von Leszek Kolakowski wie auch eine detaillierte Inhaltsangabe der Umfrageergebnisse, die in der Zeitschrift *Przegląd Filozoficzny* 28 (1998) 5-56 (vgl. A. 40) erschienen sind, sowie anderer polnischer Texte.

einer offenen Diskussion unterschiedlicher Positionen fehle. Demgegenüber möchte der Lubliner Erzbischof Życiński in der Enzyklika einen Aufruf zu intellektueller Solidarität erblicken, zumal keine philosophische Schule einen Vorrang erhalte.

Gerade dies wiederum sehen viele Teilnehmer an der Umfrage anders. Sie erblicken nicht nur die Wurzeln des päpstlichen Denkens in der klassischen, an Thomas von Aquin orientierten Philosophie, sondern sind zudem der Ansicht, dass es der Enzyklika vor allem um eine Stärkung und Neubelebung dieses traditionellen Denkens geht. Gałkowski betont demgegenüber eine deutliche Akzentverschiebung von der klassischen zu einer mehr anthropologischen, subjektzentrierten Philosophie.

Wo sodann die Rede von der Offenbarung nicht nur als Beschreibung des kirchlichen Standpunkts, sondern als von allen Gesprächspartnern vorweg anzuerkennende gültige Voraussetzung des Dialogs verstanden wird, ist weder Raum für ein unabhängiges philosophisches Denken noch im Grunde für einen ernsthaften Diskurs überhaupt gegeben. Auch wenn man selbst die Enzyklika nicht so liest und versteht, muss man leider zur Kenntnis nehmen, dass sie auf bestimmte Leserkreise so wirkt. Hier rächt es sich im Übrigen, dass die Enzyklika im Laufe ihrer Argumentation an verschiedenen Stellen den Adressaten wechselt. Es wirkt sich auch diskussionshemmend aus, dass kritische Denker glauben, einen Schuldvorwurf da wahrnehmen zu müssen, wo die Enzyklika von denen spricht, die nicht auf dem Standpunkt des glaubenden Menschen die Welt betrachten. In dem Maße, als sie nicht bereit sind, sich in ihrem Denken moralischen Bewertungen zu unterwerfen, wirken die der christlichen Dogmatik entnommenen Argumente eher abträglich. Abgesehen von den eindeutig als katholisch einzustufenden Reaktionen, machen die verschiedenen Stellungnahmen aufs Ganze eher einen reservierten Eindruck, wobei sich damit je nachdem stärker ein freundlicher oder ein unfreundlicher Tonfall feststellen lässt. Das Ziel, eine neue Diskussion mit allen Denkern unserer Tage zu beginnen, wird angesichts der geäußerten Vorbehalte somit kaum erreicht.

(b) Leszek Kolakowski: Deutlichere Sympathie und zugleich größeren geistigen Tiefgang zeichnen die *„kleinen Bemerkungen über eine große Enzyklika"* aus. Auch er erkennt in der Enzyklika grundsätzlich das thomanisch-thomistische Denken wieder, sieht aber, dass der Papst bemüht ist, sich von dort aus Zugänge zu allen Kulturen, Konfessionen und Religionen zu verschaffen. Zwei Dinge sind ihm klar: Der Papst sieht die

letzten Fragen des Menschen auch dort am Werk, wo die christliche Inspiration unbekannt ist, und er hält daran fest, dass Gottes Geist überall wirkt. Kolakowski sieht auch im Text der Enzyklika keine Anklage, wohl den Hinweis auf Tendenzen in der heutigen Kultur, denen gegenüber die Bedeutung der Glaubenshaltung betont wird. Dabei weist er darauf hin, dass die Kritik an den Entwicklungen der modernen europäischen Zivilisation keineswegs nur kirchlicherseits vorgetragen wird, sondern schon früher u. a. von Husserl vertreten worden sei. Alles, was den Sinn der Wahrheit vernichtet, führt nach Kolakowski in die Katastrophe. Folglich ist für ihn die Thematik der Enzyklika von größter Bedeutung, zumal wir nicht wissen, was mit unserer Zivilisation geschieht, wenn die Kategorie der Wahrheit als altmodisch abgetan wird und an ihre Stelle Gewinn, Bequemlichkeit und Spaß treten.

Auch wenn die Enzyklika an vielen Stellen sich an Katholiken wendet – Kolakowski hält es für dumm, daraus dem Papst einen Vorwurf zu machen –, so erschöpft sich ihre Bedeutung nicht darin, dass es sich um ein kirchliches bzw. rein binnenkirchlich wichtiges Dokument handelt:

> In seiner Offenheit für die anderen Kulturen und Glauben, in seiner Bereitschaft, Weisheit aus den verschiedensten Quellen zu schöpfen, in der Sorge um Probleme, die die ganze Menschheit betreffen, im Verstehen der menschlichen Kultur als Ganzen wendet sich der Papst an uns alle. Er ist nicht nur Priester. Er ist auch Philosoph und Theologe.

An einer Stelle regt sich freilich bei Kolakowski Widerspruch. Es geht um die Aussage in Nr. 13:

> … die Freiheit verwirklicht sich nicht in Entscheidungen gegen Gott. In der Tat, wie könnte die Weigerung, sich dem zu öffnen, was die Selbstverwirklichung ermöglicht, als ein glaubwürdiger Gebrauch der Freiheit angesehen werden?

Wenn die Freiheit allein darin besteht, das Gute zu wählen, sieht Kolakowski nicht, wie sich diese Sicht mit der elementaren Erfahrung der Freiheit und der Verantwortung für unsere bösen Taten in Einklang bringen lässt. Der Satz der Nr. 13 scheint ihm auch dem anderen aus der Nr. 80 zu widersprechen, wo es heißt, dass das sittlich Böse „nicht auf irgendeinen durch die Materie bedingten Mangel zurückzuführen ist, sondern auf eine Wunde, die von einem ungeordneten Sich-Äußern der menschlichen Freiheit herrührt". Gerade diese Stelle scheint ihm zu sagen, dass der Mensch, wenn er Böses tut, auf zerstörerische Weise von seiner Freiheit Gebrauch macht. Wir lassen diesen Einspruch hier stehen, wenngleich er Anlass zu Rückfragen in beide Richtungen bietet. Die Freiheit ist in unseren Tagen ein Thema, das nicht genau genug erörtert werden kann.

Selbst der hier vorgetragene Einspruch hält Kolakowski aber nicht davon ab, die Enzyklika ein Dokument zu nennen, das sehr reich ist und noch lange Anlass geben wird, über es zu diskutieren und zu schreiben:

> Wie alle Worte Karol Wojtyłas sollte man diese Enzyklika nicht einfach als dogmatische Aussage lesen, sondern als das Zeugnis, das ein Mensch von großem und unerschütterlichem Glauben abgelegt hat.

(c) Robert Spaemann: Unter den Philosophen, die in der mehrfach zitierten vatikanischen Lesehilfe zu Wort kommen, ist Robert Spaemann der einzige deutsche Philosoph.

- *„Hermeneutischer Zirkel":* Spaemanns Thema ist der *„hermeneutische Zirkel".*[73] Dabei weist er auf die Tatsache hin, dass heute nicht die Existenz Gottes in Zweifel gezogen wird, sondern die Fähigkeit der menschlichen Vernunft, eine Wahrheit zu erkennen, die sich von dieser unterscheidet und sie transzendiert (223). Die Verlagerung dieser Frage ist ihm deshalb so bedeutsam, weil im mittelalterlichen Denken die Intelligibilität des Seins noch die undiskutierte Voraussetzung bildete. In diesem Sinne spricht Spaemann auch im Hinblick auf das 1. Vatikanische Konzil noch von einem so genannten „naiven" Verständniszirkel (224). Nach ihm hat Johannes Paul II. in seiner Enzyklika zum ersten Mal den grundlegenden hermeneutischen Zirkel zwischen Glaube und Vernunft und folglich zwischen Theologie und Philosophie artikuliert. Wo die Vernunft nicht mehr Gefangene ihrer selbst ist (vg. Nr. 22) und die Zirkularität zwischen Glaube und Vernunft erkannt wird (vgl. Nr. 73), verlagert sich der Blick sofort auch auf das Verhältnis von Bedeutung und Wahrheit, geschichtlichem Geschehen und ihrer bleibenden Bedeutung (vgl. Nr. 94). Hier aber begegnen sich dann nicht Glaube und Vernunft in ihrer jeweiligen Schwäche, sie werden vielmehr zur gegenseitigen Bestärkung (vgl. Nr. 48). Spaemann wehrt sich hier gegen den verbreiteten Versuch, die päpstlichen Überlegungen in ein überholtes Denkschema zurückzudrängen und damit zugleich eine Diskussion ihrer Thesen zu vermeiden. Zugleich gelingt es ihm, die Enzyklika mit dem zentralen

---

[73] Vgl. Per una lettura (A. 1) 222-227; die folgenden Verweise im Text beziehen sich auf diesen Text.

Thema der Hermeneutik an die heute zu führenden Erörterungen anzubinden.

Dass diese Sicht der Dinge nicht aus der Luft gegriffen ist, können zwei weitere Wortäußerungen Spaemanns bestätigen. Spaemann ist einmal der Verfasser des ersten Aufsatzes der schon genannten Sonderausgabe des *Merkur: Das unsterbliche Gerücht*, sodann auch eines Beitrags zur Debatte um den viel diskutierten Sloterdijk-Vortrag im Herbst 1999.[74]

- *„Das unsterbliche Gerücht":* Vor allem der zuerst genannte Aufsatz steht in großer Nähe zu Spaemanns Anmerkungen zur Enzyklika. In 23 Punkten umkreist er in geschichtlichen Momentaufnahmen das – wie er es nennt – „alte, nicht zum Schweigen zu bringende Gerücht" von Gott (772). Dabei steigt er in die jüdische Geschichte ein, beim Eigennamen JHWH, der auch nach Christus Unterscheidungsname bleibt und doch beim Eintritt der Juden in die hellenistische Welt mit dem identifiziert wurde, „den die Philosophen im Gegensatz zum antiken Götterhimmel ‚den Gott' nannten" (773).

Dem späteren Unterschied zwischen „Sinn" und „Bedeutung", *intentio obliqua* (= Frage nach den philologischen und kulturrelativistischen Momenten eines Textes) und *intentio recta* (= „Frage nach der Referenz, der ‚Bedeutung' jenseits des ‚Sinnes' der Texte") schenkt Spaemann schon deshalb besondere Aufmerksamkeit, weil seiner Ansicht nach bis in die theologische Exegese hinein die *intentio recta* nicht mehr hinreichend beachtet wird.[75] Hier taucht dann eine Reihe von Themen auf, die in der Enzyklika wiederkehren: Jerusalem und Benares (774), der Charakter der Wahrheit des Gottesgerüchts – nach Spaemann eine synthetische, keine analytische Wahrheit im Miteinander der Prädikate „mächtig" und „gut" –, die Unbedingtheit, mit der sich das Gewissen als Stimme Gottes kundtut:

> Diese Unbedingtheit des Guten, die nicht mit sich handeln lässt, steht in einem eigentümlich antinomischen Verhältnis zu jener anderen, zur

---

[74] Vgl. *Merkur* 53 (1999) 772-783 (folgende Seitenangaben im Text aus diesem Aufsatz) und Wozu der Aufwand? Sloterdijk fehlt das Rüstzeug: *F.A.Z.* Nr. 233 (7. 10. 1999) 53. Zur Bedeutung Nietzsches vgl. auch seinen Aufsatz: Gottesbeweise nach Nietzsche, in: *M. Stamm* (Hg.), Philosophie in synthetischer Absicht. Stuttgart 1998, 527-538.

[75] Hier trifft sich Spaemann im Übrigen mit zahlreichen Bedenken, die auch J. Ratzinger in den verschiedensten Veröffentlichungen zur biblischen Exegese vorträgt. Dieser setzt sich z. B. im Zusatz zu seiner Paderborner Rede aus seiner kritischen Befassung mit der historischen Methode und ihrer Wahrheitseinstellung heraus mit den Einwänden des italienischen Philosophen *P. Flores d'Arcais* (A. 58) auseinander; vgl. *IkZ* (A. 41) 299f.

> Unbedingtheit des Ganzen dessen, was ist, wie es ist, das keine Appellation aufgrund irgendeines Sollens zulässt und mit dem sich abzufinden oder anzufreunden immer der Rat der Philosophen war. Der Protest gegen das Universum, gegen den Lauf der Dinge, ist absurd. Und doch ist die Unbedingtheit auch dort, wo jemand es in Kauf nimmt, dass der Lauf der Dinge sich gegen ihn kehrt, um an der Stimme des Gewissens keinen Verrat zu begehen. Diese Unbedingtheit ist durch keine Faktizität widerlegbar, so wenig wie diese durch jene. An Gott glauben heißt, die Antinomie der beiden Unbedingtheiten nicht als das letzte Wort gelten zu lassen. Gott ist, das heißt: Die unbedingte Macht und das schlechthin Gute sind in ihrem Grund und Ursprung eins – ein Exzess der Harmonisierung vom Standpunkt der alltäglichen Empirie, ein Exzess der Hoffnung. Die Weigerung, die Alternative zu wählen und das Absurde als letztes Wort hinzunehmen, ist wohl nur zusammen mit Pascals Wort zu haben: „Vere tu es Deus absconditus." (= Du bist wahrhaft ein verborgener Gott – H. W.) (775)

Was sich hier als Antinomie zeigt, ist bis in unsere Tage zum Problem geworden, wo Allmacht und Güte Gottes angesichts der Erfahrungen des Bösen und Absurden zu zerrinnen scheinen. Darüber ist an dieser Stelle nicht zu handeln (vgl. 775-781). Gegen Ende seiner Überlegungen gelangt Spaemann aber auch hier an jenen Punkt, den er im Hinblick auf die Enzyklika herausgearbeitet hat. Es geht darum, dass die Argumentation zugunsten des Daseins Gottes insofern in eine neue Situation eingetreten ist, als die Voraussetzungen dieser Argumentation, nämlich „dass es Wahrheit gibt und dass die Welt verstehbare, dem Denken vorgängliche Strukturen besitzt", seit Hume und zumal seit Nietzsche nachdrücklich bestritten werden.

Was bei Nietzsche einsetzt, exemplifiziert Spaemann mit zwei zeitgenössischen Zitaten:

> Michel Foucault: „Wir müssen uns nicht einbilden, dass die Welt uns ein lesbares Gesicht zuwendet" (781).
> Richard Rorty: „Ein höheres Forschungsziel namens Wahrheit gäbe es nur dann, wenn es so etwas wie eine letzte Rechtfertigung gäbe, also keine Rechtfertigung vor einem bloss endlichen Auditorium menschlicher Hörer, sondern eine Rechtfertigung vor Gott" (781f.).

Mit der Idee Gottes stirbt aber hier auch das kantsche „Ding an sich". Was bleibt, ist die „Hoffnung auf eine bessere Zukunft", die aber in Ziel und Weg nicht mehr zu beschreiben ist, weil die Aussagen darüber versuchen müssten, wahr zu sein. Im Ergebnis stellt Spaemann fest:

> In dieser Situation können Argumente dafür, das Absolute als Gott zu denken, nur noch Argumente *ad hominem* sein. Sie gehen nicht aus von

unbezweifelbaren Prämissen, um zu ebenso unbezweifelbaren Schlussfolgerungen zu kommen. Sie sind holistisch. Sie zeigen die wechselseitige Abhängigkeit der Überzeugung vom Dasein Gottes und von der Wahrheitsfähigkeit, also Personalität des Menschen auf und suchen gleichzeitig nach Zustimmung für beides – im Gegensatz zu der Dialektik von Naturalismus und Spiritualismus, die gegenwärtig unsere Zivilisation bestimmt. Die beherrschende Macht in ihr ist ein abstraktes, transzendentales Subjekt, genannt die „Wissenschaft" auf der einen Seite, die anscheinend unabhängig von allen natürlichen, biologischen und psychologischen Bedingtheiten ist. Sie reduziert die Welt auf subjektlose Objektivität. Sie erklärt uns, was wir als Menschen sind, indem sie uns erklärt, wie wir entstanden sind ... Wenn Gott ist, verhält es sich anders. Dann ist eine „natürliche" Erklärung nicht gleichbedeutend mit einer reduktionistischen, weil Natur selbst sich einer unvordenklichen Freiheit verdankt und in der Hervorbringung freier, wahrheitsfähiger und zurechnungsfähiger Wesen nur zu dem zurückkehrt, was sie im Ursprung *ist*. Wenn Gott ist, können wir sein, wofür wir nicht umhin können, uns zu halten, Personen. Wenn wir das nicht wollen, gibt es kein Argument, das uns vom Dasein Gottes überzeugen könnte ... (782)

Für den, dem der Rückzug auf ein Argumentum *ad hominem* suspekt erscheint, hat Spaemann die Beobachtung bereit, dass schon Leibniz geschrieben hat, „dass jeder Beweis in Wirklichkeit ein *argumentum ad hominem* ist". Damit schließt er seine Überlegungen zu dem „unsterblichen Gerücht" von Gott.

• *... und Peter Sloterdijk?:* Wenn wir unser Referat über R. Spaemann mit einem Blick auf seinen Beitrag zur Sloterdijk-Debatte schließen, tun wir dies weder mit der Absicht, diese hier voll zu entfalten, noch im Bewusstsein, dass Spaemann den wichtigsten Beitrag zu dieser Debatte geleistet hat. Man könnte gar der Ansicht sein, dass er einen wichtigen Teil des Argumentationsaustauschs ausgeblendet hat. Denn seine Konzentration auf die biopolitische Seite des sloterdijkschen Vorschlags, „Regeln für den Menschenpark" vorzustellen,[76] bezieht sich im Grunde nur auf die eine Seite der Elmauer Rede, allerdings auf jene, die im Umfeld einer nachchristlichen, wissenschaftsorientierten Kultur an Einfluss gewinnt. In gewissem Sinne spiegelt sich hier das zuvor zitierte Ergebnis der spaemannschen Überlegungen zum „ewigen Gerücht" wider: Spaemann sucht das Gespräch mit Sloterdijk auf dessen vermeintlich „post-humanistischer" Ebene, wo es nach diesem zweieinhalbtausend Jahre nach Platons Wirken nun so scheint, „als hätten sich nicht nur

---

[76] Die Rede findet sich im Dossier von *Die Zeit* Nr. 38 (16. 9. 1999) 15-21.

die Götter, sondern auch die Weisen zurückgezogen und uns mit unserer Unweisheit und unseren halben Kenntnissen in allem allein gelassen". Die Frage ist ja in der Tat, ob nicht Sloterdijk selbst es ist, der sich mit „halben Kenntnissen" zufrieden gibt. Insofern argumentiert Spaemann hier bewusst *ad hominem,* wenn er Sloterdijk zu bedenken gibt, dass er die ganze Geschichte der Argumente, die zugunsten des Menschen „vor dem Menschenpark" sprechen, schlicht nicht in die Betrachtung einbezieht und angesichts der Menschheits- und in ihr der Philosophie- und Religions- und darin nochmals der Theologiegeschichte an dieser vorbei seinen Appell verlauten lässt.

Als Anmerkung zur Sache sei angefügt, dass über Spaemann u. a. hinaus vielleicht doch entschiedener der hintergründige „politische Anti-Monotheismus" Sloterdijks verdient beachtet zu werden, zumal in unserer postchristlichen Moderne der Affekt gegen das jüdisch-christliche Erbe wächst und der Ruf nach neuen gnostischen Wegen sich verstärkt.[77] *Fides et ratio* könnte gerade in seinem Aufruf zu einem „vernünftigen Glauben" zu einem zukunftsträchtigen Impuls werden, wenn der Leser der Enzyklika sich weniger bemüßigt sieht, bei ihren Vergangenheitserinnerungen Halt zu machen und sie für Einseitigkeiten und Ausgelassenes zu kritisieren, und statt dessen sich bemüht, die Bemerkungen zu Gnosis, Esoterik und Fideismus in die Gegenwart und ihre Sprachen zu übersetzen.

(d) Gianni Vattimo: Der 1936 in Turin geborene Philosoph wird hier nicht als Kommentator von *Fides et ratio* eingeführt; er hat auch nicht unmittelbar zur Enzyklika Stellung genommen. Wohl aber hat er – wie zuvor schon gesagt – von der „Wiederkehr" der Religion gesprochen und der Religion selbst wiederholt einen wichtigen Ort in seinem Denken zuerkannt.[78] Zudem nehmen seine Überlegungen zu seiner ererbten Religion, dem katholischen Christentum, indirekt ein Stück Stellungnahme zur Enzyklika vorweg, zumal manches dort besprochene Thema mit denen Vattimos zusammenklingt. Das katholische Denken findet für ihn eine besondere Repräsentanz im Pontifikat Wojtylas, wie er den

---

[77] Vgl. dazu *J. Manemann,* Politischer Anti-Monotheismus: *Orientierung* 63 (Nr. 19, 15. 10. 99) 201-203; dort in den Anmerkungen eine gute Literaturübersicht zu den wichtigeren Stellungnahmen zur Sloterdijk-Debatte.

[78] Vgl. außer den in A. 69 und 70 genannten Veröffentlichungen auch *G. Vattimo,* Jenseits der Interpretation. Die Bedeutung der Hermeneutik für die Philosophie (= Edition Pandora 36), Frankfurt / New York 1997; dort ausdrücklich zur Religion: 67-88.

Papst fast durchgängig nennt. Zwei Dinge verdienen in diesem Zusammenhang besondere Beachtung: die Neuaufnahme der Säkularisierungsdebatte im Fortgang religiöser Inspiration und der Einsatz für eine „schwache" Philosophie jenseits der Metaphysik in postmetaphysischer Zeit.

- „*Glauben zu glauben*":[79] Die deutsche Übersetzung des italienischen Titels geht eigentlich an der Sinnspitze der Aussage vorbei: Es geht Vattimo nicht einfach um das Verhältnis von Glaube und Philosophie, sondern konkret darum, dass er von sich sagt, er glaube, dass er glaube – eine Formulierung, die ihm ganz konkret bei einem Telefonat in einem Mailänder Eissalon über die Lippen kam und anschließend als bedenkenswert erschien (vgl. 74-77). Das kleine Buch, im Juli 1995 fertig, 1996, also zwei Jahre vor der Enzyklika, in Mailand erschienen, hat er, weil es denn doch im Grunde auch eine Bekenntnisschrift ist, nicht ohne innere Zweifel und ein entsprechendes Zögern an die Öffentlichkeit gegeben. Einerseits gibt es persönliche Motive für dieses Buch – Vattimo zählt dazu die Erfahrung des Todes geliebter Menschen und Weggefährten (10f.) –, andererseits aber reagiert er damit zugleich auf eine „kollektive" Tatsache, da die Wiederkehr der Religion nicht nur an eigene spezifische Lebenserfahrungen gebunden ist.

Vattimo merkt dann zur Wiederkehr der Religion an:

> Dass die Wiederkehr Gottes in der Kultur und in der Mentalität der Gegenwart auch mit der Grundsituation der Ausweglosigkeit zu tun hat, in der die Vernunft sich gegenüber so vielen Problemen, die gerade in jüngster Zeit größer geworden sind, zu befinden scheint, will also durchaus nicht besagen, dass das Bild von der Transzendenz als einer bedrohlichen und negativen Macht insofern für unüberwindbar gehalten werden muss, als diese Züge etwas besser die tatsächliche Andersheit gegenüber dem schlechthin „Menschlichen" garantierten. Im Übrigen ist der dramatische Charakter der anstehenden Probleme nur einer der Faktoren, welche die neuerliche Aktualität der Religion heute bewirken. Es lassen sich noch mindestens zwei weitere Kreise von Gründen angeben, die einen im engeren Sinne „politischer" Art, die anderen im Zusammenhang mit den Entwicklungen in der Philosophie. (15)

Der erste Kreis, der „politische", ist für Vattimo nicht zuletzt mit der politischen Wirkung des augenblicklichen Pontifikats verbunden. Der

---

[79] Die folgenden Seitenangaben im Text beziehen sich auf die in A. 69 genannte deutsche Übersetzung des Buches.

zweite hat es mit der Tatsache zu tun, dass der Verlust der Überzeugungskraft der beiden grundlegenden philosophischen Theorien, des positivistischen Szientismus und des erst hegelianischen, dann marxistischen Historismus, dahin geführt hat, dass es heute „keine plausiblen starken philosophischen Gründe mehr dafür [gibt], Atheist zu sein oder doch die Religion abzulehnen" (19). Denn der atheistische Rationalismus hat selbst in seinen beiden Formen die Gestalt eines Glaubens angenommen: „die des Glaubens an die ausschließliche Wahrheit der experimentellen Naturwissenschaft und die des Glaubens an die Entwicklung der Geschichte hin zu einem Zustand vollkommener Emanzipation des Menschen von jeder transzendenten Autorität" (ebd.). Inzwischen haben wir aber den Punkt erreicht, wo die Entzauberung der Idee der Entzauberung, anders gesagt: der Prozess der Entmythologisierung, dahin geführt hat, dass das Ideal der Liquidierung der Mythen selbst als Mythos entlarvt wird.

- „*Schwaches Denken*": In der Enzyklika *Fides et ratio* sind wir gelegentlich auf ein Plädoyer zugunsten eines „starken" gegen ein „schwaches Denken" gestoßen (vgl. z. B. Nr. 48, wo von einer „schwachen Vernunft" die Rede ist, oder Nr. 55, wo es heißt, dass man angesichts des „Endes der Metaphysik" will, „dass sich die Philosophie mit bescheideneren Aufgaben begnügt", auch Nr. 54 und 75). Ob und wieweit solche Stellen sich dabei auf bestimmte Philosophen beziehen, lässt sich nur schwerlich ausmachen. Wohl fällt auf, dass R. Spaemann in seinem Kommentar auf seine Weise die Nr. 48 zitiert. Dennoch dürfte Vattimo in der Enzyklika mit seinem Plädoyer nicht im Blickfeld gestanden haben, wenn man die Spitze seiner Argumentation beachtet.

Nun kommt auch Vattimo auf eine „Zirkelhaftigkeit" zu sprechen, die zwischen der gegenwärtigen Lage und dem (jüdisch-christlichen Kultur-)Erbe (26ff.), später zwischen einer „Ontologie der Schwächung (ital. *indebolimento*) und christlichem Erbe" (43) besteht. Übereinstimmung herrscht zwischen der Enzyklika, der spaemannschen und der vattimoschen Position insofern, als in allen drei Fällen der Nihilismus die entscheidende Zäsur der Gegenwart darstellt. Dieser erhält freilich – im Gegensatz zur Enzyklika – in den beiden anderen Fällen einen Namen: Friedrich Nietzsche (1844-1900), den Vattimo seinerseits nicht zuletzt mit den Augen Martin Heideggers (1889-1976) liest, vertieft später durch Sergio Quinzo, René Girard u. a. Interessanterweise fügt Vattimo an, dass die christliche Beeinflussung seiner Interpretation des heideggerschen Denkens dort am stärksten zum Tragen gekommen zu sein scheint, wo er es als „schwaches Denken" charakterisiert (vgl. 27).

„Schwaches Denken" – eine Bezeichnung, die er mit anderen Autoren teilt – bedeutet nun für ihn „vor allem eine Theorie, nach der Schwächung ein konstitutives Merkmal des Seins in der Epoche des Endes der Metaphysik ist" (28). Das „Ende der Metaphysik" besteht seinerseits wesentlich in einer Absage an die „Metaphysik der Objektivität" (21ff., 28, 49ff. u. ö.). Anmerkungen dieser Art zeigen zugleich, dass es überall da Rückfragen an die Enzyklika gibt, wo diese Begriffe wie „Ende der Metaphysik" u. a. einführt, ohne sie zu präzisieren. Nur wo Begriffe klar umschrieben sind, wird klar, ob zwischen denen, die sie verwenden oder ablehnen, Einigkeit besteht oder nicht.

Von seinem Verständnis „schwachen Denkens" sagt Vattimo nun, dass er sich im Anschluss an die Lektüre des Buches R. Girards, *Das Ende der Gewalt*,[80] „bei dem Gedanken ertappte, die ‚schwache' Interpretation Heideggers und die Idee, dass sich die Schwächung der starken Strukturen wie ein roter Faden hindurchzieht, seien nichts anderes als die Transkription der christlichen Lehre von der Menschwerdung des Gottessohns" (29).

• *Konvergenz in der Kenōsis Gottes:* Die Schwächung des Denkens gründet nach Vattimo aber dann in nichts anderem als in der *Kenōsis* Gottes. Von dieser spricht auch die Enzyklika in Nr. 93 (vgl. auch Nr. 23), wo sie sie als „ein wahrhaft großes Geheimnis" anspricht:

> Vorrangige Aufgabe der Theologie wird vor diesem Horizont das Verständnis der *kenōsis* Gottes sein, ein wahrhaft großes Geheimnis für den menschlichen Geist, dem es unhaltbar erscheint, dass Leiden und Tod die Liebe auszudrücken vermögen, die sich hingibt, ohne etwas dafür einzufordern.

Vattimo sieht es so:

> Das einzige große Paradox, das einzige Skandalon der christlichen Offenbarung ist eben die Menschwerdung Gottes, die *kenōsis,* und d. h. die Aussetzung aller transzendenten, unverständlichen, geheimnisvollen und auch, wie ich meine, bizarren Züge, die freilich den Theoretikern des Glaubenssprunges so sehr am Herzen liegen. Im Namen dieses Sprunges kann man dann leicht der Verteidigung des Autoritätsdenkens der Kirche und vieler ihrer dogmatischen und moralischen Positionen den Weg

---

[80] Vgl. *R. Girard*, Das Ende der Gewalt. Analyse des Menschheitsverhängnisses. Freiburg u. a. 1983.

bereiten – alles Dinge, die an die Verabsolutierung von Lehren und Situationen gebunden sind, die geschichtlich kontingent und zu einem Großteil faktisch überholt sind. Wir alle sollten uns dagegen verwahren, im Namen einer Opferung der Vernunft, die nur durch eine naturalistische, menschlich-allzumenschliche und letztendlich nichtchristliche Vorstellung der Transzendenz Gottes gefordert wird, von der Wahrheit des Evangeliums ferngehalten zu werden. (56; vgl. auch 45)

Bereits zuvor heißt es:

> Die Menschwerdung, d. h. die Herablassung Gottes auf die Ebene des Menschen, das, was das Neue Testament die *kenōsis* Gottes nennt, ist ... als Zeichen dafür zu interpretieren, dass der nicht-gewaltsame und nicht-absolute Gott der postmetaphysischen Epoche dadurch gekennzeichnet ist, zu selben Schwächung, von der die von Heidegger inspirierte Philosophie spricht, bestimmt zu sein. (34)

Damit appelliert Vattimo einerseits mit Entschiedenheit an die zentrale christliche Glaubensüberzeugung und damit an die christliche Identität und deren bleibende geschichtliche Wirksamkeit, andererseits fragt er sich hinsichtlich der konkreten Gestalt der Kirche, wieweit sie selbst den Zugang gerade zu diesem Zentrum verstellt. Wenn er – scheinbar im Gegensatz zur Enzyklika – die „Aussetzung aller transzendenten, unverständlichen, geheimnisvollen ... Züge" betont, so steht diese Aussage doch zugleich in einem Spannungsverhältnis zu der anderen, dass die Menschwerdung Gottes, seine *kenōsis*, „das einzige große Paradox, das einzige Skandalon der christlichen Offenbarung" ist. Hinsichtlich dieses für die christliche Theologie wie für den interreligiösen Dialog so wichtigen Ansatzes stehen wir nach wie vor im Grunde am Anfang. Nur so viel sei hier angemerkt: Für beide Bereiche gibt es inzwischen Anstöße, die einer nachhaltigeren Rezeption bedürfen;[81] Vattimo schließt hier für die Philosophie gleichsam auf.

- *„Säkularisierung – ein gereinigter Glaube?":* Im Sinne des kenotischen Ansatzes reinterpretiert Vattimo schließlich den vieldeutigen und leicht misszuverstehenden Begriff der Säkularisierung. Plakativ rückt er einmal „Menschwerdung und Säkularisierung" (32-39), sodann Säkularisierung

---

[81] Für die systematische Theologie hat *B. Stubenrauch* in seiner Habilitationsschrift: Dialogisches Dogma. Der christliche Auftrag zur interreligiösen Begegnung (= Quaestio disputata 158). Freiburg u. a. 1995, den Begriff der göttlichen „Kenōsis" zur Leitidee gewählt; für den interreligiösen, zumal den christlich-buddhistischen Dialog vgl. (mit zahlreichen Lit.-Verweisen) *H. Waldenfels*, Gottes Wort (A. 14) 204-220.

und Glauben (44-47) zusammen. Wie Blaise Pascal in seinem berühmten *Mémorial* von 1654 grenzt auch er den „metaphysischen Gott", den Gott „der Philosophen und Gelehrten", von dem „christlichen Gott", dem „Gott Abrahams, dem Gott Isaaks, dem Gott Jakobs, dem Gott Jesu Christi", ab und sieht er im „Ende des metaphysischen Gottes" „die Wiederentdeckung des christlichen Gottes" vorbereitet (vgl. 33).[82] Hier fragt er im Übrigen ausdrücklich – gedanklich in der Nähe zur Enzyklika:

> Was „gewinnen" nun die Philosophie und auch das christliche religiöse Denken durch die Anerkennung ihrer wechselseitigen Nähe? (34)

Die Antwort können wir einmal mit dem Begriff „Säkularisierung", sodann mit der Rede vom „Jenseits der Gewalt der Metaphysik" (40ff.) wiedergeben. „Säkularisierung" behält auch bei Vattimo zunächst alles Destruktive, das wir gemeinhin mit dem Begriff verbinden, bis hin zum „Risiko der Beliebigkeit" (38). Dennoch will er „Säkularisierung" dann als konstitutiven Zug der Moderne mit der Ontologie der Schwächung in Beziehung setzen und mit ihrer Hilfe einen Weg zur Gewaltlosigkeit bzw. zur Ethik der Gewaltlosigkeit finden. Dieses Postulat hat dann seine verschiedensten Anwendungsfelder, wirkt sich in Gesellschaft und Politik genauso aus wie in der Kirche, in der Anwendung ihrer Autorität, im Bereich von Dogma und Moral. Das alles ist hier nicht detailliert auszuführen, schon gar nicht im Einzelnen zu diskutieren. Wohl dürfen die Hinweise als Einladung zur Reflexion, zum gründlichen Diskurs und Dialog und zur Aufforderung zu einem von vielseitiger Umkehr geprägten Denken und Handeln in Kirche und Welt verstanden werden. Beachtenswert ist, wie Vattimo Strenge des postmetaphysischen Diskurses mit einer Absage an einen falsch verstandenen Herrschaftsanspruch im Absolutheitsanspruch verbindet und dabei zugleich jedem Neutralismus entsagt:

> Die Strenge des postmetaphysischen Diskurses ist nur von dieser Art: Sie will einleuchten, ohne dass sie den Anspruch erhebt, unter einem „universalen" Gesichtspunkt – d. h. unter gar keinem Gesichtspunkt – gültig zu sein; sie weiß, dass sie von jemandem stammt und sich an jemanden richtet, der einen Prozess durchläuft und daher niemals eine neutrale Sicht von ihr hat, sondern immer nur eine Interpretation von ihr wagt. Eine neutrale Sicht ist nicht nur nicht möglich; sondern sie wäre im stren-

---

[82] Vgl. dazu auch *G. Cottier*, Dieu d'Abraham, Dieu d'Isaac, Dieu de Jacob, non des philosophes et des savants: *Nova et Vetera* 74 (Avr. - Juin 1999) 5-19; er unternimmt in seinem Beitrag den Versuch, Pascals Absage an Philosophen und Weise dadurch zu relativieren, dass er nach ihrer konkreten Gestalt zur Zeit Pascals fragt.

gen Sinn des Wortes sinnlos; wie die Aufforderung, sich die Augen herauszureißen, um die Dinge objektiv zu betrachten. (43f.)

Für Vattimo ist das Christentum folglich keineswegs zu Ende, wie auch – recht verstanden – die Offenbarung weitergeht (47), weil der versprochene Geist der Wahrheit die authentische Interpretation der Prophezeiungen, die in Jesus Gestalt angenommen hat, fortsetzt und die Heilsgeschichte auch als Interpretationsgeschichte weitergeht. „Säkularisierung" ist für ihn als Konsequenz der göttlichen Kenose nichts anderes als „die progressive Auflösung aller naturalistischen Heiligkeit, die eigentliche Essenz des Christentums" (48; vgl. auch 51f., 64f. u. ö.).

- *„Caritas als Grenze":* Maßstab eines am Christentum orientierten Denkens ist niemand anderer als Jesus. Leitfaden der Jesusorientierung aber ist dann sein Wort:

> Ich nenne euch nicht mehr Knechte; denn der Knecht weiß nicht, was sein Herr tut. Vielmehr habe ich euch Freunde genannt; denn ich habe euch alles mitgeteilt, was ich von meinem Vater gehört habe. (Joh 15,15)

Die in diesem Satz ausgedrückte Freundschaftsbeziehung Gottes (vgl. 111; auch 115) bestimmt den weiteren Gedankengang Vattimos. Wenn die Säkularisierung eine Grenze hat, dann ist es die Liebe (dazu 65-69). Ja, „im Grunde muss auch die Vernunft im Namen der christlichen Liebe säkularisiert werden" (107). In diesem Zusammenhang sind dann die mit der Säkularisierung und dem Nihilismus gegebenen Auflösungsprozesse neu zu verstehen:

> Die Interpretation, die Jesus Christus von den Prophezeiungen des Alten Testaments gibt, ja: die Interpretation dieser Prophezeiungen, die er selbst *ist*, enthüllt deren wahren Sinn, der am Ende nur einer ist: die Liebe Gottes zu den Geschöpfen. Und dieser „letzte" Sinn ist eben dadurch, dass er die *caritas* ist, niemals der wahrhaft „letzte", hat nicht die Letztgültigkeit des metaphysischen Prinzips, über das man nicht hinausgeht und vor dem jedes Fragen aufhört. Die im Verlauf des Nihilismus niemals abzuschließende Unendlichkeit ist vielleicht nur dadurch begründet, dass die Liebe als „letzter" Sinn der Offenbarung keine wahre Letztheit hat; und sie ist auf der anderen Seite der Grund dafür, dass die Philosophie am Ende der Epoche der Metaphysik entdeckt, dass sie nicht mehr an die Grundlegung, an die erste objektiv vor den Augen des Geistes gegebene Ursache, glauben kann und dass sie (wozu sie auch, oder gerade, durch die christliche Tradition erzogen wurde) die Gewalt erkennt, die in jeder Letztheit, in jedem ersten Prinzip, das alles Weiterfragen zum Schweigen bringt, beschlossen ist. (69)

- *Ein kleines Nachwort:* Hier sind nun nicht mehr die konkreten Ausprägungen, die individuellen und gesellschaftlichen Folgen des vattimoschen Denkansatzes im Einzelnen zu bedenken. Es ist auch nicht erforderlich, all seinen analytischen Feststellungen zur Geschichte, allen Urteilen über Kirche, Strukturen und Papst zuzustimmen. Selbst wenn man Vattimos Einschätzung der Metaphysik und der daraus folgenden Propagierung des Endes der Metaphysik nach wie vor mit einem anderen Metaphysikverständnis begegnen sollte, besagt all das nicht, dass wir es hier nicht mit einem Denkprojekt zu tun haben, das gerade angesichts der Impulse, die von der Enzyklika *Fides et ratio* ausgehen, sich mit diesem ins Gespräch bringen lässt. Disput besagt stets eine *wechselseitige* Bemühung um Verstehen, eine *wechselseitige* Korrektur und Vertiefung und einen von Seiten aller am Disput Beteiligten initiierten Beitrag zum Prozess der Zeit.

Im Gegensatz zu Umberto Ecos Gespräch mit Kardinal Carlo Martini greift Gianni Vattimo als ein – gerade in seiner ständigen selbstkritischen Einstellung sympathischer – *Glaubender* in das Gespräch der Zeit ein, das Gespräch, das heute zwischen Glaubenden und Glaubenden, Glaubenden und Nichtglaubenden, Überzeugten und Suchenden, Theologen, Philosophen und Wissenschaftlern geführt wird. Nicht zu bestreiten ist, dass gerade auch im christlichen Denken nach wie vor die Reflexion der Gewalt unzureichend ist und die Entwicklung einer Ethik der Gewalt bzw. der Gewaltlosigkeit für die Gesellschaft im Allgemeinen und den Gesamtbereich der Religion, das Christentum und die Kirche eingeschlossen, im Besonderen fehlt.[83] Wunden schmerzen nicht weniger, wenn andere die Hand auf sie legen. Schmerzen aber sind kein Anlass, sich von denen abzuwenden, die ihre Schmerzen an Wunden offenbaren.

Es schmerzt, wenn ehrlich gemeinte Fragen, aber auch ehrlich gemeinte Aufrufe keine Resonanz, keine Antwort finden. Gerd Haeffner findet es bemerkenswert, dass „zwei führende Philosophen wie Derrida und Vattimo (wir haben unseren Blick auf Vattimo gerichtet, weil vor allem seine Reflexionen einen Bezug zur Enzyklika aufweisen – H. W.) die Religion in das Zentrum einer Reflexion auf die Lage der Zeit rücken".[84] Er fügt an, dass bei „den sich selbst als solchen verstehenden ‚Intellektuellen' Deutschlands ... von einer solchen Thematisierung noch wenig zu spüren" ist.

---

[83] Vgl. dazu *H. Waldenfels*, Fundamentaltheologie (A. 9) 464-469.
[84] Vgl. *G. Haeffner* (A. 70) 681.

Gleichgültig, wie das Gespräch in Zukunft weitergeht, zeigt der Blick über den deutschen Zaun, dass dort der Blick auf die zwei Flügel wächst, von denen die Überlegungen der Enzyklika ihren Ausgang nehmen. Das Bild ist klar: Mit zwei Flügeln hat der Mensch auch heute noch die Chance, sich wie ein Vogel zu erheben und auf den Weg zu einem wirklichen Weltblick, einer Weltanschauung, vielleicht auch einem Stück Überblick zu gelangen. Darauf zu setzen hat in der Tat etwas von Pascals Wette an sich, wobei er offensichtlich der Ansicht war, dass der Einsatz sich lohnt. Warum sollte die Kirche nicht Menschen wie Vattimo zugestehen, wie er zu verfahren. Der Hauptteil des hier zitierten Buches endet mit dem schon erwähnten Ruf nach der Säkularisierung der Vernunft „im Namen der christlichen Liebe" – eine Stelle, die er dann abschließend in Beispielen konkretisiert:

> Z. B. auch im Namen der Sympathie, die mich an die christliche Tradition bindet;
> im Namen der Bewunderung, die in mir, wie ich bereits sagte, (fast) alle Tugenden der Heiligen erregen;
> im Namen des Zugehörigkeitsgefühls, das ich trotz allem gegenüber der Kirche empfinde, wobei ich diese als Gemeinschaft derer empfinde, die an Jesus Christus glauben, auch und vor allem, wenn ich mich um den Papst und seine Vorurteile wenig kümmere.
> „Zu glauben glauben" meint im Grunde etwas von alledem: vielleicht auch, im Sinne Pascals zu wetten, in der Hoffnung zu gewinnen, aber durchaus, ohne sich dessen sicher zu sein. Zu glauben glauben: oder auch: zu glauben hoffen. (107)

Was hier gesagt wird, gilt für Welt und Kirche in gleicher Weise. Der Enzyklika wird zu Recht nachgesagt, dass sie in der Nennung der Ansprechpartner uneinheitlich wirkt. Umgekehrt sollte am Ende nicht übersehen werden, wer der Verfasser des Schreiben ist. Es ist eben doch Karol Wojtyla, der römische Papst Johannes Paul II. – ein großer Mann unseres Jahrhunderts, der in der Wende zum 3. Jahrtausend sich letztendlich an alle Menschen guten Willens wendet. Insofern so Menschen innerhalb und außerhalb der Kirche angesprochen werden, ist nicht zu erwarten, dass der Papst in allem, was er sagt, Zustimmung findet. Dennoch verdient er Aufmerksamkeit.

Warum aber geht es Menschen am Ende immer wieder mehr um das, was unterscheidet und trennt, als um das, worin wir einen gemeinsamen Weg finden können? *Optimismus*, dass unsere Vernunft mehr kann, als viele meinen, Anerkennung, dass ohne *Glauben* im weitesten Sinne des Wortes, ohne Vertrauen zueinander und auf das, woraus und worin wir leben, auf die Dauer nichts in dieser Welt geht, *Freiheit*, sich nicht ohne Grund und Not in Fesseln legen zu lassen, auch nicht im Denken, und Zuversicht, dass wir nicht auf uns selbst zurückfallen, wenn wir uns der Weite des Geistes öffnen, den Religionen, zumal wir Christen den Geist der *Wahrheit* den Geist *Gottes* nennen – das sind Botschaften, die es sinnvoll machen, die Enzyklika *Fides et ratio* wahrzunehmen, zu hören bzw. zu lesen, sich mit ihr zu befassen.

Im Übrigen gehören zwei Sätze im menschlichen Leben zusammen:
- die Frage: „Was ist Wahrheit?" (Joh 18,38)
- und die immer schon gegebene Antwort:
  „Die Wahrheit wird euch befreien" (Joh 8,32).

* * *

Bei Thomas von Aquin gibt es das schöne Bild von zwei Vögeln, die der Sonne entgegenfliegen. Der eine fliegt in der Dunkelheit der Nacht, der andere in der Kraft der Tagessonne. Beide Vögel leben auf dieser unserer Erde. Die Sonne lieben sie beide, doch nur wo der Vogel sich mit beiden Flügeln von der Kraft des Lichtes tragen lässt, weiß der Vogel, wohin sie ihn tragen:

> *Solem etsi non videat oculus nycticoracis,*
> *videt tamen eum oculus aquilae.*

> Mag auch das Auge des Nachtvogels
> die Sonne nicht sehen:
> Es schaut sie dennoch das Auge des Adlers.
> *(In Met.* 11,1; Nr. 286)

Ein evangelisch-katholischer Fremdenführer!

Martin Honecker
Hans Waldenfels

Zu Gast beim anderen

Evangelisch-katholischer
Fremdenführer
BONIFATIUS / Kontur 9918
230 Seiten. Kartoniert
ISBN 3-87088-991-8

Wo katholische und evangelische Christen ihren Glauben bewusst in Verbindung mit ihren Gemeinden leben, müssen sie einander in den Räumen verstehen, in denen sie am Gottesdienst teilnehmen. Um hier einen Einstieg zu ermöglichen, haben zwei Theologen, die neben ihrer jeweiligen Tätigkeit an der Universität selbst in ihren Gemeinden aktiv sind, versucht, dem aus der anderen christlichen Tradition kommenden Gast einen Zugang zum Kirchenraum und zum darin Geschehenden zu vermitteln. So erschließen sich dem Leser und der Leserin die geistigen Schätze der beiden Konfessionen. Der Besucher der jeweils anderen Konfession soll sich, solange er Gast in der anderen Kirche ist, dort zu Hause fühlen können.
Das Buch leistet für breite Leserkreise einen wesentlichen Beitrag zum Verständnis der anderen Konfession.

In Ihrer Buchhandlung!

BONIFATIUS
Druck · Buch · Verlag

Ökumenische Überlegungen zur Reform des Petrusamtes

Heinz Schütte (Hg.)

Im Dienst der einen Kirche

Ökumenische Überlegungen zur
Reform des Petrusamtes
Ca. 240 Seiten. Kartoniert
ISBN 3-89710-126-2

Das Petrusamt, das der Einheit dienen soll, ist leider ihr wohl größtes Hindernis. Papst Johannes Paul II. hat die Überwindung der Spaltungen zu seinem Vermächtnis gemacht; in der Enzyklika „Ut unum sint" wünscht er Vorschläge zu einer Ausübung des Primats, damit dieser für alle annehmbar wird. In diesem Sinn knüpft das Buch an Gedanken Kardinal Ratzingers an, Rom müsse nicht mehr erwarten, als im ersten Jahrhundert gelehrt und gelebt wurde: Das ist von Experten der noch getrennten Kirchen als bahnbrechend und wohl einzige Möglichkeit zu einer Verständigung bezeichnet worden. Alle späteren Entwicklungen haben an der Urkirche bleibendes Maß. Namhafte Theologen von evangelischer und katholischer Seite befassen sich mit der Thematik. Der Ertrag ihrer Überlegungen wird von den Autoren zusammengefasst, und es werden Anregungen zu einer ökumenischen Verwirklichung im Dienst der einen Kirche genannt.

Mit Beiträgen u. a. von: Stephan Horn, Peter Hünermann, Harding Meyer, Wolfhart Pannenberg, Horst Georg Pöhlmann, Heinz Schütte, Franz Georg Untergaßmair, Hans Waldenfels.

In Ihrer Buchhandlung!

BONIFATIUS
Druck · Buch · Verlag